酒店服务礼仪

主　编　杨东静

副主编　吴梅菊　吴晓芸　陈晓稀　魏子玉　胡　楠
　　　　董国亮　韩清婉

上海交通大学出版社
SHANGHAI JIAO TONG UNIVERSITY PRESS

内容提要

本书以扫花迎客、倾壶待客、冰心送客为主线,将最美前厅人、最美客房人、最美餐饮人、最美会议人中的28个最美学习情境融入进来。每个学习情境均含教学目标、教学重难点、抛砖引玉、立而受教、坐而论道、起而行之、三省吾身5个部分。案例引入,图文并茂,文化渗透,并有精品课线上资源库嵌入其中,属于线下线上混合的工作手册式教材。本教材适合作为高职高专教材,也适合对相关内容感兴趣的读者。

图书在版编目(CIP)数据

酒店服务礼仪 / 杨东静主编. —上海:上海交通

大学出版社,2023.8(2024.7 重印)

ISBN 978-7-313-27963-7

Ⅰ.①酒… Ⅱ.①杨…张… Ⅲ.①饭店－商业服务－礼仪

高等职业教育－教材 Ⅳ.①F719.2

中国版本图书馆 CIP 数据核字(2022)第 226294 号

酒店服务礼仪

JIUDIAN FUWU LIYI

主　　编:	杨东静		
出版发行:	上海交通大学出版社	地　　址:	上海市番禺路 951 号
邮政编码:	200030	发行热线:	021-64071208
印　　制:	上海万卷印刷股份有限公司	经　　销:	全国新华书店
开　　本:	787 mm×1092 mm　1/16	印　　张:	12.25
字　　数:	197 千字		
版　　次:	2023 年 8 月第 1 版	印　　次:	2024 年 7 月第 2 次印刷
书　　号:	ISBN 978-7-313-27963-7		
定　　价:	58.00 元		

前言

　　酒店服务礼仪是河北正定师范高等专科学校教育部现代学徒制试点专业——酒店管理与数字化运营专业的专业课之一,由校企双方共同开发,通过育训结合的方式,让学习者掌握高(星)级酒店前厅、客房、餐饮、会议服务的礼仪规范,从而树立服务意识,具备礼貌修养,传承礼仪文化,形成礼仪自觉。

　　本教材主要为该专业课编写,以做"气质佳、内蕴美,明礼仪、善服务"的最美酒店人为设计理念,将礼仪与酒店服务相结合,以酒店接待大型商务团队为整体项目,打破传统礼仪课程的常规模式,课程架构对接酒店接待流程,课程内容对接岗位职责和礼仪标准,以"礼行天下,仪在你我。学酒店服务礼仪,做最美酒店人"为宗旨,让学习者能够知礼、懂礼、习礼、用礼。

　　本教材将传统的酒店服务礼仪分解到 28 个工作情境中,构建了"三环九美"课程体系。根据酒店接待流程,我们设计了"扫花迎客、倾壶待客、冰心送客"3 个模块,打造了一个完整的工作任务链。其中"扫花迎客"对接迎客前的岗位培训,包括"最美仪态、最美仪容、最美仪表、最美文化"4 个子模块;"倾壶待客"按酒店前厅、客房、餐饮等部门接待顺序设计了"最美前厅人、最美客房人、最美餐饮人、最美会议人"4 个子模块;"冰心送客"对接了"最美印象"。

　　本教材在逻辑框架上充分吸收了中国传统文化,通过"抛砖引玉—立而受教—坐而论道—起而行之—三省吾身"五个环节,把案例引入、理论讲授、小组讨论、任务驱动和自评自测有机地结合在一起,从而使学习者更好地掌握知识和技能。

　　本教程由杨东静负责主编,具体的编写分工如下:

　　杨东静负责体态礼仪、握手礼仪、乘车礼仪、签字仪式的编写;吴梅菊负责服饰礼仪、电话礼仪的编写;吴晓芸负责涉外礼仪、进房礼仪、送餐礼仪、送客礼仪的编写;陈晓稀负责妆容、发型、电梯礼仪的编写;魏子玉负责表情礼仪、语言礼仪、民族礼仪及民俗礼仪、介绍礼仪、递接礼仪的编写;胡楠负责西餐之座次礼仪、西餐之餐食服务、西餐之酒水服务的编写;董国亮负责中餐之座次礼仪、中餐之餐食服务、中餐之酒水服务、会议服务的编写;韩清婉负责鞠躬礼仪、引领礼仪、手势礼仪的编写。

由于编者的水平有限,本教程存在的不足之处,敬请各位专家、读者提出宝贵的修改意见。

编者

2023 年 6 月

目录

CONTENTS

扫花迎客

倾壶待客

冰心送客

扫花迎客

1. 站姿

1）女士站姿

（1）叉手站姿：上身端直，挺胸收腹，腰直肩平。双眼目光平视正前方，脚后跟并拢、脚尖分开、成Ｖ形，两手虎口相交（右手压左手、右手食指放于左手手掌与手指关节处，左手压右手亦可），自然放于小腹前（见图1.1）。这是酒店迎宾的常用姿势。

体态礼仪教学视频

图1.1　女士叉手站姿

（2）基本站姿：上身端直，挺胸收腹，腰直肩平。两臂自然下垂，两脚成Ｖ形或Ｔ形。双膝靠紧，两个脚后跟靠紧（见图1.2）。

图1.2　女士基本站姿

1.1 最美仪态

1.1.1 体态礼仪

教学目标

素质目标:提升气质,增强动作协调感和体态美,展现酒店形象,在服务窗口中展示美、传递美。

知识目标:掌握站姿、坐姿、蹲姿和走姿的要点和规范,规避禁忌。

能力目标:能够规范地使用站姿、坐姿、蹲姿和走姿,为客人提供服务。

教学重点难点

重点:站姿的基本要领,这是各种体姿的基础。

难点:各种体姿的日常习惯养成。

抛砖引玉

酒店餐饮部员工站在大厅中开班前会,主管在班前会首先检查大家仪容仪表。一眼扫过去,主管发现实习生小师一副毫无精神、松腹含胸的样子,脸上出现了不悦。

主管为什么不高兴呢? 如何纠正小师的站姿?

立而受教

体态指的是人的姿势、举止和动作,主要包括站姿、坐姿、蹲姿和走姿几个方面。优雅的体态是人有教养的表现。酒店员工体态的好坏,不仅体现了自身素质的高低,也反映了一家酒店的整体水平和等级。人们往往从某一个员工、某一件小事上来衡量一家酒店的等级、服务质量和管理水平。因此,星级酒店十分重视服务人员的体态训练。

2）**男士站姿**

（1）叉手站姿：上身端直，挺胸收腹，腰直肩平。双眼目光平视正前方，两脚分开，成跨步状，两脚后跟间距约 10 厘米，两脚尖间距约 15 厘米，两手虎口相交（右手压左手或左手压右手、一手食指放于另一手手掌与手指关节处）自然放于小腹前。这是酒店前厅礼宾人员的常用站姿（见图 1.3）。

图 1.3 男士叉手站姿

（2）背手站姿：上身端直，挺胸立腰。双目平视，双手在身后交叉，双脚与肩同宽。这是酒店前厅保安人员的常用站姿（见图 1.4）。

图 1.4 男士背手站姿

(3)基本站姿:上身端直,挺胸收腹,腰直肩平。两臂自然下垂,双脚与肩同宽,防止重心前移(见图1.5)。

图1.5 男士基本站姿

酒店员工在酒店服务中应避免的站姿是:

(1)不停地摇摆身子,扭捏作态。

(2)两脚脚尖或脚后跟间距较远(呈外八字或者内八字)。

(3)双手插兜或环抱胸前。

(4)松腹含胸等。

(5)一侧肩高一侧肩低。

2. 坐姿

入座时,正式场合一般从椅子的左侧入座,入座要轻而稳,女士着裙装要先轻拢裙摆,而后入座。面带笑容,双目平视,嘴唇微闭,微收下颌。双肩平正放松,两臂自然弯曲放在膝上,也可放在椅子或沙发扶手上。立腰、挺胸、上体自然挺直。双膝自然并拢,双腿正放或侧放,坐满椅子的2/3。起立时,右脚向后收半步而后起立。

1)**女士坐姿**

(1)标准式坐姿:两手交叉叠放在两腿中部,并靠近小腹。两膝并拢,两脚并齐,大腿与小腿,小腿与地面都成直角(见图1.6)。这种坐姿适合在最正式的场合使用。

图 1.6　女士标准式坐姿

（2）侧点式坐姿：两小腿向左斜出，两膝并拢，右脚跟靠拢左脚内侧，右脚掌着地，左脚尖着地，小腿尽量伸直，显示小腿长度（见图 1.7）。这种坐姿适用于穿裙子的女性在较低处就座使用。

图 1.7　女士侧点式坐姿

（3）交叉式坐姿：双腿并拢，大腿和小腿呈 90°角，平行斜放于一侧，双脚在脚踝处交叉，即若两腿斜向左方，则右脚放在左脚之后；若两腿斜向右方，则左脚放置右脚之后（见图 1.8）。

图 1.8　女士交叉式坐姿

2）男士坐姿

标准式坐姿：上身挺直，下颌微收。肩平头正，眼睛平视，面带微笑，双腿分开的宽度不要超过肩膀的宽度，两脚保持平行，两手自然放置（见图 1.9）。

图 1.9　男士标准式坐姿

酒店员工在正式场合中应避免下列坐姿，因为它们是缺乏教养或者傲慢的表现：

（1）两膝分开，两脚呈外八字。

（2）两脚尖朝内，脚跟朝外，呈内八字。

（3）把腿架在扶手上或坐满椅子，在椅子上前俯后仰。

（4）两腿交叠而坐时，悬空的脚尖上下抖动。

（5）摆弄手指、拉衣角、整理头发等懒散的姿态。

3. 蹲姿

酒店服务人员在整理工作环境、给予客人帮助、提供必要服务和捡拾地面物品时常会用到蹲姿。下蹲拾物时，应自然、得体、大方，不遮遮掩掩；两腿合力支撑身体，避免滑倒；应使头、胸、膝关节在一个角度上，使蹲姿优美。高低式蹲姿是最常用的蹲姿。

1）**女士蹲姿**

双膝一高一低，脚一前一后，前脚全着地，小腿基本垂直于地面，后脚脚跟提起，脚掌着地，臀部向下，紧靠双膝，不可分开（见图1.10）。

图1.10 女士高低式蹲姿

2）**男士蹲姿**

双膝一高一低，脚一前一后，前脚全着地，小腿基本垂直于地面，后脚脚跟提起，脚掌着地，臀部向下，上身微前倾。双腿可略分开，距离为一拳（见图1.11）。

图 1.11 男士高低式蹲姿

酒店服务人员在下蹲时还应注意：

(1)下蹲时女士需注意内衣"不可以露"，可以一手放在胸前防走光，一手捡东西。

(2)弯腰捡拾物品时，勿臀部直接向后撅起。两腿展开平衡下蹲，其姿态也不雅观。

(3)在行走中，不要突然下蹲，下蹲时，速度不要过快。

(4)在下蹲时，不要离人太近下蹲。

4.走姿

走姿属于动态美。良好的走姿可以表现出一个人朝气蓬勃、积极向上的精神状态，给人留下美好的印象。正确的走姿是：身体挺直，下巴微收，眼睛平视，重心稍前倾；双臂随脚步前后自然摆动，摆幅为 30°～40°，两手自然弯曲，在摆动中与双腿保持一拳以内的距离；两脚尖略开，脚跟先着地，女士行走时，双脚内侧着地的轨迹在同一条直线上，男士行走时，双脚内侧着地的轨迹在两条直线上，行走时步幅适中，前脚跟和后脚尖的距离保持在 1～1.5 脚长(见图 1.12、图 1.13)。

男步稍大，步伐矫健、稳重、潇洒，具有阳刚之美；女步略小，步伐轻捷、娴雅、飘逸，显示温柔之美。

酒店服务员应避免的走姿是：

(1)走路时重心前倾，步态不稳，或者重心后移，走路拖沓。

(2)行成内八字或外八字，步履蹒跚，出现脚尖首先着地等不雅步态。

(3)走路时扭腰摆臀,左顾右盼。

(4)走路时步子太大或太小。

(5)双手反背于后行走。

(6)手臂摆动僵硬或者手贴裤缝等。

图1.12 女士走姿

图1.13 男士走姿

 坐而论道

"抛砖引玉"部分的案例中,主管为什么不高兴呢?

"论道"指南:

* 要考虑个人形象对单位整体形象的影响。优雅的体态和酒店的整体形象是密不可分的,也会对酒店效益产生影响。正确的站姿是优雅体态的基础,松腹含胸的站姿则会显得人萎靡不振。

* 要掌握正确的站姿:上身端直,挺胸收腹,腰直肩平。目光平视正前方,脚后跟并拢、脚尖分开、成V形或T形,两手可垂于身体两侧,或者放于体前。

 起而行之

* 可以通过"九点贴墙法"每日坚持练习基本体态,即头部、肩部、臀部、腿肚子、脚后跟(共九点)尽量贴在墙壁上,去感受贴墙时的感觉。

* 每天坚持15分钟,形成肌肉记忆,避免不良站姿。

 **三省吾身**

请对照下表,自评本课学习情况。

体态礼仪知识点测试

学习情况自评表

目标达成度		评价等级			
		A	B	C	D
能力目标	站姿:上身端直,挺胸收腹,腰直肩平。双眼目光平视正前方,手位脚位正确				
	坐姿:立腰、挺胸、上体自然挺直,坐满椅子的2/3。根据不同坐姿要点,手位脚位正确				
	蹲姿:下蹲时,应使头、胸、膝关节在一个角度上,使蹲姿优美。会正确使用高低式蹲姿				
	走姿:身体挺直,下巴微收,眼睛平视,重心稍前倾。双臂前后自然摆动,摆幅为30°~40°,两手自然弯曲摆动				
素质目标	整体形象气质佳				
	态度端正、坚持练习				

注:评价等级 A 为优秀、B 为良好、C 为基本掌握、D 为不合格。

1.1.2 表情礼仪

教学目标

素质目标：学会尊重他人，营造和谐友善的工作环境；提升学生审美能力，增强学生审美意识。

知识目标：掌握微笑和目光礼仪的作用与方法。

能力目标：能够面带微笑地给予对方合适的目光注视。

教学重点难点

重点：微笑方法。

难点：目光注视范围和方法。

抛砖引玉

新入职的前台服务员阿正在酒店前台当值。当客人上前办理入住手续时，阿正面无表情，讲话时眼睛没有正视客人，眼神朝上，办理入住手续的过程中甚至没有抬头直视客人。客人对阿正不屑一顾的态度和完全不"走心"的表情激怒了，直接投诉了阿正。阿正很委屈，向大堂经理哭诉自己尽职尽责，业务办理毫无差错却被投诉，感觉很冤枉。

阿正在为客人办理入住手续时犯了什么错误？为什么在手续步骤没问题的情况下会遭到客人投诉？

立而受教

作为消费者，当服务人员带着和煦笑容、彬彬有礼地为你提供服务时，你是否感到如沐春风？ 当服务人员面无表情地与

表情礼仪教学视频

你沟通时,你是否会感到恼火?在酒店行业,表情这类非服务技能常常被忽视。本节就让我们一起来学习有关表情的礼仪之道。

1.微笑礼仪

1)微笑作用

微笑能够体现出良好的服务态度,迅速缩小与客人之间的心理距离,令客人感到满意和愉快,是酒店从业人员职业道德的体现,是酒店从业人员不可忽视的重要礼仪之一(见图1.14)。

图1.14 微笑服务示意图

2)微笑要求

(1)面部肌肉放松,嘴角微微上扬,避免露牙龈或皱鼻子。

(2)露出8颗牙为宜。

(3)眼睛略微睁大,眉毛轻微上扬,保持目光柔和。

(4)使用礼貌用语(见图1.15)。

图1.15 微笑要求示意图

3)微笑练习

自然有礼的微笑能够给客人以如沐春风、温馨舒适之感,刻意呆板的笑容让人感到虚伪不快。请结合表 1.1 微笑的动作标准,对着镜子进行微笑练习(见图 1.16)。

表 1.1　微笑练习要点

工作流程	动作标准
咬	门牙轻咬住一根筷子
扬	嘴角轻微上扬,嘴角连接线与筷子基本平行
睁	眼睛略微睁大,眉毛轻微上扬,保持目光柔和,给人以精神焕发的感觉
保持	保持并形成肌肉记忆
	拿下筷子后保持原有微笑状态

图 1.16　微笑练习示意图

4)注意事项

(1)微笑应发自内心,避免缺乏诚意的假笑。

(2)不论心情如何,均应时刻保持微笑,避免微笑转瞬即逝。

(3)微笑地面对每位客人与同事,切忌只对贵宾、领导等人群微笑,避免给人"势利眼"的印象(见图 1.17)。

图 1.17 微笑示意图

2. 目光礼仪

1) 目光作用

柔和平视的目光,除了给人以落落大方、不卑不亢的形象,还能够给人如下感受:

(1)被尊重的感觉。

(2)认真聆听、感兴趣的印象。

(3)愿意随时提供帮助的感受。

2) 目光位置

酒店从业人员在与他人交往时,需要注意不同情境中目光注视的范围有所区别。

(1)社交情境中,应注视对方双眼和下颚构成的倒三角形区域(见图 1.18)。

图 1.18 社交情景目光要求示意图

(2)商务情境中,应注视客人双眼和前额上部形成的三角形区域(见图 1.19)。

图 1.19　商务情景目光要求示意图

3）目光注视时间

（1）注视时间控制在交谈时间的 30％～60％，不低于 3 秒，但也要避免长时间直勾勾凝视，避免给对方留下不尊重、不重视或者别有用心的糟糕印象。

（2）非注视时间将目光投射在对方面部外 5～10 厘米范围，避免视线离对方过远而留下注意力分散、不重视对方的印象。

4）目光注视方法

请对着镜子，结合目光注视的方法，练习柔和自然的目光注视（见图 1.20）。

（1）保持目光柔和，平视对方。

（2）根据情境，选择合适的目光注视范围与注视时间。

（3）不时以会意的目光暗示对方自己在认真聆听。

（4）眼球转动快慢与次数适中，以示在思考。

（5）交谈结束时，目光抬起平视对方，微笑目送客人离开。

图 1.20　商务情境目光要求示意图

酒店服务礼仪的核心是尊重,自然的表情、恰到好处的微笑以及柔和的目光不但能够展示良好的个人修养,还能展现出对客人发自内心的尊重,从而达到维护和提升酒店品牌形象的积极目的。让我们知礼、学礼、懂礼、用礼,做最美酒店人。

 坐而论道

"抛砖引玉"的案例中,阿正哪里做错了呢?

"论道"指南:

＊明确微笑的作用与意义。

＊明确场景类型,选择相应的注视范围。

＊关注注视时间。

＊掌握微笑动作要领。

 起而行之

假如你是前台服务员小师,请拍一段为客人办理入住手续时表情礼仪的小视频,分享给大家,讨论一下谁的表情礼仪更标准。

"行之"指南:

＊微笑:微笑自然,眼睛略睁大,眉梢上扬,露出 8 颗牙为宜,时刻保持微笑。

＊目光位置:注视对方双眼和前额上部形成的三角形区域。

＊注视时间:不低于 3 秒,同时避免长时间直勾勾凝视,不时转动眼球以示自己在认真听讲,非注视时间将目光投射在对方面部外 5～10 厘米范围。

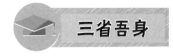 **三省吾身**

请对照下表,自评本课学习情况。

表情礼仪知识点测试

学习情况自评表

目标达成度		评价等级			
		A	B	C	D
能力目标	微笑:微笑自然,眼睛略睁大,眉梢上扬,时刻保持				
	目光位置:商务场景中注视对方双眼和前额上部形成的三角形区域;社交情境中适合注视对方双眼和下颌构成的倒三角形区域				
	注视时间:不低于3秒,同时避免长时间直勾勾凝视,不时转动眼球以示在认真听讲,非注视时间将目光投射在对方面部外5～10厘米范围				
素质目标	小组成员参与度高				
	自觉反复训练				
	表情礼仪富有美感				

注:评价等级 A 为优秀、B 为良好、C 为基本掌握、D 为不合格。

1.1.3 语言礼仪

教学目标

素质目标：学会尊重他人,营造和谐友善的工作环境;提升学生审美能力,增强学生审美意识。

知识目标：了解和掌握各类礼貌用语和交谈时话题的选择。

能力目标：能够合理使用礼貌用语,选择适当的话题与客人进行沟通。

教学重点难点

重点：礼貌用语。

难点：交谈话题选择。

抛砖引玉

案例1：

新入职的前台服务员小师最近刚失恋,这时一位客人上前来办理入住手续。心情糟糕的她此刻在一旁更加心烦意乱。由于心里很难过很烦躁,她说话时无法控制地无精打采,声音低沉语速稍快,但是她还是尽量让自己面带微笑,眼神和善。最后客人却投诉了她,这下她心里更委屈了。

小师在前台为客人办理入住手续时犯了什么错误?为什么在手续步骤没问题的前提下会遭到客人投诉?

案例2：

酒店礼宾部新入职的员工阿正第一次独立当值。在引领一名穿着时髦的女客人进房间途中,为避免尴尬,他主动询问了客人限量版运动鞋的价格以及是否独自出行,结果客人皱着眉头慌忙离开,拒绝了他接下来的服务。

阿正的行为是否引起了你的不适？为什么客人找借口拒绝让他引领进房间呢？

 立而受教

语言礼仪教学视频

即使表达的内容相同,不同的语气、语速等,可能会让客人感受到尊重,也可能会让客人感受到冒犯。本节将从日常工作中的礼貌用语与话题选择两个方面具体讲解如何做一个会讲话的酒店人。

1. 礼貌用语

1)称呼

合适的称呼不仅方便酒店从业人员对客人进行服务,更显示出对客人的尊重。表1.2列举了对不同人群的称呼方式。

表1.2 对不同人群的称呼方式

人群	称呼
称呼男性时	××先生
称呼女性时	××女士
称呼领导时	××院长、经理等
称呼职业时	××老师、大夫等
称呼口语化称谓时	××阿姨等

2)问候

图1.21 问候

除合适的称呼外,与客人、同事等会面时,酒店从业人员应礼貌得体地进行问候(见图1.21)。根据不同情境,我们把问候分为以下5种:

(1)常用日常问候有:

①您好!

②早上好! 先生。

(2)常用节日问候有:

①祝您新年快乐!

②祝您生日快乐!

注意:问候要根据场景,具体情境具体分析。

(3)常用应答有:

①请稍等!

②对不起,我不太清楚,您稍等,我去帮您问一下!

③不客气! 这是我应该做的。

④这是我的荣幸!

(4)常用迎送用语有:

①欢迎用语:

a. 欢迎光临! 有什么可以帮您的吗?

b. 请跟我来!

c. 请这边走!

d. 祝您入住愉快!

②送别用语

a. 请慢走!

b. 祝您一路顺风!

c. 期待您再次光临!

d. 期待下次为您服务!

e. 期待再次为您服务!

(5)其他常用问候语有:

①道歉用语:

a. 对不起,打扰一下。

b. 抱歉先生/女士,让您久等了!

c. 服务不周,我们对此表示诚挚的歉意。

②请托用语：

a. 女士，麻烦用一下您的证件，我来给您登记房间。

b. 先生，这是您的卡单，消费550元，麻烦您签字确认。

c. 这是您的押金收据，请妥善保管，结帐需收回。

③推托用语

a. 很抱歉不能帮您……

④征询用语：

a. 请问需要我帮您吗？

b. 请问您还有其他需要吗？

c. 您好，您是否提取行李？

2.谈话

图1.22 谈话

除了基本的问候，前厅工作人员，如礼宾部工作人员，常常需要在服务过程中与客人进行简单交谈，以给予客人更温馨的住店体验（见图1.22）。但交谈的话题需要慎重选择。

1)话题选择

与客人交谈时，建议选择以下话题：酒店设施、布局、特色；本地名胜、特产；客人所在国家或地区的风俗习惯、旅游名胜、名吃特产等。

与客人交谈时，忌讳谈论以下话题：私人问题、"肉麻"的赞美、宗教、政治等任何令人感到尴尬和引起争议的话题。

2)注意事项

与客人交谈时，还需要注意以下事项：

(1)使用标准普通话，是基本要求。

（2）目光自然柔和，平视对方，给客人留下落落大方的印象的同时给予对方充分尊重。

（3）语音语调柔和平静，语速适中。

（4）避免手舞足蹈，以免给客人留下不够成熟稳重的不良印象。

（5）避免频繁看手表、手机，以免给客人造成催促、不耐烦之感。

规范的服务用语、彬彬有礼的谈吐，有助于实现与客人的高效沟通，让客人感到如沐春风和备受尊重。希望大家在日后工作中能够更加注重礼貌用语的规范使用和交谈话题的认真筛选，让我们知礼、学礼、懂礼、用礼，做最美酒店人。

 坐而论道

"抛砖引玉"部分案例1和案例2中的两位服务人员哪里做错了？

"论道"指南：

＊称呼正确。

＊不同场景下正确选择合适的问候用语。

＊正确选择交谈话题。

＊交谈礼仪。

 起而行之

假如你是礼宾部服务员阿正，正在接待一位常住客人进入酒店。你会和她说些什么呢？拍一段接待客人时交谈的小视频，分享给大家，讨论一下谁的服务更周全。

"行之"指南：

＊称呼：正确称呼客人。

＊问候：不同场景下正确选择合适的问候用语。

＊话题：正确选择交谈话题，避免谈论敏感、隐私的话题。

＊交谈礼仪：语气温和平静，语速音量适中，肢体语言适当，避免手舞足蹈。

语言礼仪知识点测试

三省吾身

请对照下表,自评本节的学习情况。

学习情况自评表

目标达成度		评价等级			
		A	B	C	D
能力目标	称呼:正确称呼不同身份的客人,避免张冠李戴				
	问候:不同场景下选择合适的问候用语				
	话题:正确选择交谈话题,避免谈论敏感、隐私话题				
	交谈礼仪:语气温和平静,语速音量适中,肢体语言适当,避免手舞足蹈				
素质目标	教学活动参与度高				
	尊重他人与筛选交谈话题的意识有所增强				

注:评价等级 A 为优秀、B 为良好、C 为基本掌握、D 为不合格。

1.2 最美仪容

1.2.1 妆容

教学目标

素质目标:塑造良好的服务形象,树立正确的审美观念。

知识目标:掌握妆容礼仪的原则与标准,掌握正确的化妆程序与技巧。

能力目标:具备按照规定程序上妆的能力,并能根据衣着、岗位对妆容进行微调。

教学重点难点

重点:具备按照规定程序上妆的能力。

难点:能根据衣着、岗位对妆容进行微调。

抛砖引玉

某报社记者王先生为做一次重要采访,入住 A 市某饭店。经过连续几日的辛苦工作,终于圆满完成了任务,王先生与两位同事打算庆祝一下。他们来到餐厅后,接待他们的是一位五官清秀的服务员,服务工作做得很好,可是她面无血色,显得无精打采。王先生一看到她,就觉得没了刚才的好心情。上菜时,王先生又突然看到传菜员涂的指甲油缺了一块,当时王先生第一反应就是:"是不是掉入我的菜里了?"为了不惊扰其他客人用餐,王先生没有将他的怀疑说出来。但王先生这顿饭吃得很不舒服。最后,他们叫柜台内服务员结账,可服务员却一直对着反光玻璃墙面修饰自己的妆容,丝毫没有注意到他。因此,到本次用餐结束,王先生对该饭店的服务十分不满。

请思考:王先生为什么对该饭店的服务不满?

 **立而受教**

妆容礼仪是仪容礼仪的重点。适度得体的妆容,不仅可以展现出个人的风采,还是对别人的一种尊重。

化妆礼仪教学视频

1. 妆容礼仪基本原则

酒店从业人员应遵循美化、自然、协调、避人的妆容礼仪原则,在塑造良好的服务形象的同时得到顾客的信任。

1)美化

化妆可以突出脸部的某些优点,掩饰和弥补某些缺陷,这也是人们喜爱化妆的根本原因。如果一个妆面不能够给你带来美化的效果,也就是丑化了你的形象,那么这样的妆不化也罢。

2)自然

自然是化妆的最高境界。化妆的目的是美化脸部,使自己更生动、漂亮,但如果浓妆艳抹或是化妆的效果很生硬,就会适得其反,让人反感。高超的化妆技术是不着痕迹的,被人认为确实拥有姣好的面容,而拙劣的化妆技术则让人一眼识别出粉饰的痕迹,显得很假,像戴上了一副面具。当然,化妆要达到自然的效果取决于几个方面,比如化妆技巧的掌握、化妆经验的积累、化妆品的品质、自身肤质等。从整体上来看,化妆应该达到体现层次、点面到位、浓淡相宜的效果。

3)协调

协调主要包括妆面本身的协调、整体协调、身份协调三个方面。

(1)妆面本身的协调:化妆是一门艺术,但更是一门技术。妆化得怎么样从妆面上可以直接看出来,例如不同部位的色彩搭配是否恰当,浓淡是否协调等。

(2)整体协调:脸部的妆面还须考虑衣服的样式、颜色与发型的风格等,整个打扮必须是和谐一致的。比如说,衣服选择绿色系的,那么眼妆、唇妆可以选择一致的色系,而整个妆面可以选择偏冷色调,这样可以取得良好的整体效果。

(3)身份协调:酒店服务人员化妆时要根据自己的身份特征和职业特点进行考虑。比如说:管理层以上的职业人员可以根据自己的收入选择一些品质较好的化妆品,在化妆时要注意色彩的选取与年龄、个人风格相协调,以淡雅、端庄、稳重为基调,不可过分轻佻;普通职员可根据工作性质来化妆。如果是专门从事礼仪、接待等工作的酒店服务人员,就要表现出一定的人际魅力,化妆就不能太单调,但也不能太艳俗,要符合当代人审美情趣,浓淡相宜,自然大方。如果是其他岗位人员,那么保证自然、清丽、稳重即可。

4)避人

避人包括三层含义:一是指不在公共场所化妆。在众目睽睽之下化妆是非常失礼的。可以在进入工作场所前,或出汗、用餐、饮水、休息后,及时检查一下妆容。如有必要化妆或补妆的话,要在化妆间或洗手间完成。二是指工作时间不要化妆。利用工作时间化妆是对工作不够尊重的表现,也会让领导、同事对你产生不好的印象。三是指不要非议他人的化妆。由于民族、肤色和文化修养的差异,每个人化的妆不可能都是一样的,非议他人妆容是没有礼貌的表现。

2. 妆容标准与审美标准

1)男士妆容标准

(1)非必要不戴眼镜,近视者最好佩带隐形眼镜,不要戴有色眼镜。

(2)注意修剪鼻毛,鼻毛不可暴露在鼻孔外。

(3)勤剃胡须,不留胡子。

(4)保持口腔无异味,上岗前不进食刺激性食物。

(5)手部要保持卫生清洁,指甲不可超出指头2毫米。

2)女士妆容标准

以明丽和淡雅为宜,切忌浓妆艳抹,不涂鲜艳或者怪异的口红,不涂夸张的眼影,用与肤色接近的粉底,注意面部与颈部肤色是否统一。

3)面部审美标准

最佳的面部五官比例是"三庭五眼"。所谓"三庭"指脸的长度,发际线至眉头为上庭,眉头至鼻头为中庭,鼻头至下巴为下庭。所谓"五眼"指从左耳到右耳之间的距离,共为五只眼睛的长度。两只眼睛本身为两个单位,两眼之间为一个眼长,两眼外侧各一个眼长,共是五个眼长(见图1.23)。

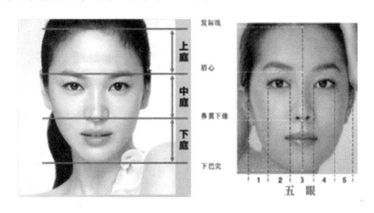

图1.23 面部审美标准示意图

3. 面部化妆程序

1)男士面部化妆程序

酒店从业人员中的男士也要像女士那样注意适当的化妆,但要简单易行。

(1)洁面。洁面要用适当的产品,早晚使用清洁力较强的洗颜产品,能彻底洗去多余的污垢、油脂。不过不能以为洁面产品用得越多越好,过度使用洁面产品只会刺激皮肤分泌更多油脂。

不同的皮肤类型要有不同的护理方法。干性皮肤的男士可用冷水和温水交替洗脸,刺激局部皮肤的血液循环,增强面部肌肤的弹性。油性皮肤的男士,最好先用毛巾热敷3~5分钟后再洗脸,洗后按摩一会儿,可促进局部皮肤的血液循环,改善面部营养状况,有利于油脂的排出,使面部光润柔滑,减少皱纹和松弛现象。中性皮肤的男士,用冷、热水洗脸均可。

(2)爽肤。如果在洁面后没有对皮肤进行油脂保护,水分就更容易蒸发到空气中,进而刺激肌肤分泌大量油脂以保存水分。因此,洁面后拍上爽肤水,能瞬间收敛皮脂分泌,收细毛孔,也能平衡皮肤酸碱度。如经常长暗疮,可用含杀菌或吸油粉末的爽肤水,以达到控油杀菌的功效。

(3)润肤。油性肤质可选用乳液状或水剂型护肤品,肤质偏干者可选用油脂护肤品,秋冬季节则使用油脂型护肤品。

(4)刮脸。在正式场合中,留有胡茬是失礼的。另外,胡须容易附着病菌,经常刮脸可保持皮肤洁净。剃须后皮肤会变得粗糙,而且可能有看不到的小伤口,这时需使用男士专用的须后保养品——它的特殊成分能舒缓面部皮肤,令毛孔自然收缩。

另外,男士的工作妆,还包括眉毛的修饰和定型,清洁保护手部,使用无色唇膏等。男性化妆品要以清香型为主,可伴有草香、烟草香,以增添男性特点,体现男子气概,切不可脂粉气过浓。

2)**女士面部化妆程序**

女性酒店服务人员在岗期间应化淡妆,妆容以增加面部轮廓感和调整气色为主。女士化妆包括洁肤护肤、底妆、眉妆、眼影、眼线、睫毛液、腮红、唇妆等部分。

(1)洁肤护肤。正确的洁肤步骤分为六步:第一步,用温水湿润脸部;第二步,使洁面乳充分起沫;第三步,轻轻按摩15下;第四步,清洗洁面乳;第五步,检查发际;第六步,用冷水冲洗20下。彻底清洁面部后,就进入护肤程序,要使用护肤水、精华、乳液、面霜、防晒、隔离进行基础护肤。

(2)打底妆,需要粉底液、遮瑕液和定妆粉。

粉底液的使用方法如下:将美妆蛋或粉扑浸湿,挤出多余水分,保持潮湿即可。将粉底液挤在手的虎口处,然后采取点涂的方式涂抹在脸上,再用美妆蛋或粉扑进行按压,使粉底液更加贴合皮肤。

遮瑕液或遮瑕膏的使用方法如下:将遮瑕液或遮瑕膏涂在面部需要遮盖的位置,用遮瑕刷晕开,涂抹均匀即可。

定妆粉的使用方法如下:将散粉均匀地倒在粉扑上,用按压的方式将散粉涂在脸上。

(3)眉妆。眉妆包括确定眉型、修眉和画眉三个步骤。

①首先使用三点定位法确定眉形:一是眉头的确定,将眉笔垂直放在鼻翼旁,与眼角成直线,眉笔与眉的交汇处就是眉头。二是眉峰的确定,将眉笔杆放在鼻翼旁,与瞳孔的外侧拉成一直线,眉笔与眉毛的交汇点就是眉峰。三是眉尾的确定,将眉笔放在鼻翼旁,与眼尾成直线,与眉毛的交汇处就是眉尾(见图1.24)。

图1.24 使用三点定位法确定眉形

②修眉:使用眉刀,逆向毛发的方向,轻轻将眉毛修理整齐。

③画眉:使用眉笔,采取虚实相应的方式,描画眉毛。最后用眉刷把颜色晕开。画眉的总体原则是:眉头最宽,上浅下深,两头浅中间深,眉毛不能浓于眼睛。不同的脸型适合不同的眉型,瓜子脸适合任意眉形,圆型脸适合高挑眉,方脸适合上扬眉,长脸适合平直的一字眉,倒三角形脸适合柔合的、稍粗的平眉,菱形脸适合平直的长一点的眉形。

(4)眼影。眼影的首要作用是使眼睛具有立体感,并通过色彩的张力,使整个脸庞迷媚动人,有画龙点睛的作用。涂抹前应先把眼影在手背上扫一下,以去掉多余的颜色,并防止颜料碎屑落在脸颊上。先用浅色在上眼皮和下眼睑打底,可从眼睑中央逐渐向外眼角加深,再用眼影刷将剩余的颜色抹在内眼角,以使整个眼睑色彩均衡。用深色加深睫毛根部和眼尾,用余粉扫回下眼睑。

(5)眼线液或眼线笔的使用方法如下:沿着睫毛根部描画眼线,顺着眼尾方向或略上扬。画眼线的时候慢慢地轻描,一定要贴近睫毛根部,下手可以轻一点,来回多描几次,然后把眼皮向上拉,把睫毛根部空白的地方补进去。

(6)睫毛液。夹睫毛时,先尽量让眼皮展平,眼睛向下看,将睫毛夹轻轻贴近眼皮,从根部、中部、尾部用力慢慢夹3次,每次3秒。千万不要只从中间用力按压一次。涂睫毛时,将下巴微微抬起,目光向下看,水平拿着睫毛刷,放在睫毛的根部左右轻轻地摆动,从根部到梢部小心涂抹,走Z字型。

(7)腮红的使用方法如下:以黑眼球外侧做垂直线,与鼻底平行线相交处,以太阳穴外侧的鬓发为起点,沿着颧骨最高点略下的位置,用腮红刷斜向涂抹(见图1.25)。

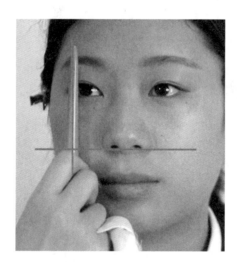

图1.25 腮红的标准位置

(8)唇妆。两眼平视时,在黑眼球内侧做垂直线,应正好相交在两唇角。唇角超过这个范围,唇形就偏大;如果小于这个范围,唇形就偏小。

①工具:口红或唇釉。

②方法:将口红沿着唇部边缘涂抹在唇部。

 **坐而论道**

"抛砖引玉"部分案例中王先生为什么对该饭店的服务不满？

"论道"指南：

* 酒店服务人员在岗期间没有化淡妆,妆容应以增加面部轮廓感和调整气色为主。

* 妆容缺损应及时补妆,酒店服务人员在进入工作场所前、出汗、用餐、饮水、休息后,及时检查妆容。

* 补妆应遵循避人的礼仪原则。

 起而行之

酒店领导安排你来试穿冬季工装,请你以此为情境,设计你今天的妆容。

请你拍一段视频,分享给大家。

"行之"指南：

* 美化原则：突出五官优点,弥补五官缺陷。

* 自然原则：整个妆面体现层次、点面到位、浓淡相宜。

* 协调原则：妆面本身的协调、与整体造型协调、与身份协调。

* 避人原则：不在公共场所化妆；工作时间不要化妆；不要非议他人的妆容。

 三省吾身

请对照下表,自评本节课的学习情况。

化妆礼仪知识点测试

学习情况自评表表

目标达成度		评价等级			
		A	B	C	D
能力目标	美化原则:突出五官优点,弥补五官缺陷				
	自然原则:整个妆面体现层次、点面到位、浓淡相宜				
	协调原则:妆面本身的协调、与整体造型协调、与身份协调				
	避人原则:不在公共场所化妆;工作时间不要化妆;不要非议他人的妆容				
素养目标	练习参与度高				
	妆容与发型、着装等相得益彰,与岗位环境相适应				

注:评价等级 A 为优秀、B 为良好、C 为基本掌握、D 为不合格。

1.2.2 发型

素质目标:塑造良好的服务形象,树立正确的审美观念。

知识目标:掌握发型礼仪的原则与标准,掌握发型的整理技巧。

能力目标:具备标准发型的整理能力,能正确地梳理标准发型。

重点:发型礼仪的基本原则。

难点:女士发髻的盘发方法。

甲公司总经理的年终考察工作将在酒店进行,阿正负责接待。早上在门口等候的时候,大堂经理走过来拍了拍阿正的肩膀说:"阿正,早上离家之前,或者你穿好制服后,请对自己的身上扫一眼,确保身上没有什么会转移别人注意力的东西。"阿正对经理表示感谢后,赶紧走到卫生间,扫掉自己肩上的头屑。

想一想,像阿正这种尴尬的情况能避免吗?

发型礼仪教学视频

在人与人的交流中,我们的视线大部分时间都停留在对方的肩部以上,也就是头部。因此,在职业形象塑造中,发型的打理非常重要,如果发型不佳,整体形象就会大打折扣。

1. 发型礼仪基本原则

在酒店服务中,服务人员应遵循整洁、得体、协调、美观大方的礼仪原则,在塑造良好的服务形象的同时获得顾客的信任。

1) 整洁

首先是经常清洗头发。清洗头发主要是为了去除灰垢、清除头屑、防止异味等,这样有助于头发的保养。其次是定期修剪头发。无论是男士还是女士,头发的修剪都是十分必要的。男士的头发不宜太长,短发可以给人精神抖擞的感觉,而留长发、遮住眼睛或是鬓角太长等都会给对方留下邋遢、不修边幅、不稳重的印象。女性头发太长则会让对方觉得你不利索、不敬业等等。定期修剪头发,使发型庄重、简约、大方、高雅,可以让人在工作中更自信、更有魅力,在酒店服务中更容易获得顾客的信任。最后是保持发型。可以用一些发胶或者定型喷雾,固定已有的发型。同时梳理头发也可以使头发整齐,但在工作场合不要当众梳头或是用手指代替发梳,因为会产生断发或头屑,这是十分不礼貌的,而且会损害个人形象或组织形象。

2) 得体

一个人的发型,必须符合其年龄、职业、身份、场合等。发型是个人形象塑造的重要组成部分,不同年龄的人,他们的发型的样式和风格是不一样的。年轻人的发型可以洒脱活泼一些,但也不可一味地追求流行,过分地追逐潮流只会给人留下轻浮、经验不足、不够稳重的感觉,染发对个人形象的损害尤为明显。年纪稍大的更应该注重发型的整洁和庄重。不同的职业对发型的要求也不一样,比如从事化妆品销售的人员,发型可以更活泼,富有青春活力一些,而从事前厅接待或会议服务的人员发型还是应该庄重一些。不同的身份对发型的要求也不一样,例如主管和普通员工对发型的注重和要求肯定是不一样的。不同的场合对发型也有着不同的要求。出席音乐会、舞会宴会、派对等,可以让自己的发型华丽一些;在庆典、会务等场合,发型、发式还是简洁和朴素一些。

3) 协调

协调主要包括三个方面,即发型与自身的协调、与周围环境的协调、与工作岗位的协调。

发型与自身的协调主要是指发型应配合服饰妆容、年龄等自身条件相协调。发型、服饰、妆容往往是相互配合的,比如女士穿旗袍时,头发一般会盘起来,绾成发髻,绝不可蓬松凌乱。男士着燕尾服时,最合适的发型是往后梳理的背头。

发型还要与自身条件相协调:

(1)与脸型相协调。最好是根据自己的脸型来选择发型,因为圆形脸、方形脸、椭圆形脸等对发型的要求是不一样的。

(2)与身体的比例相协调。头部与身体的比例应符合达·芬奇所说的"黄金分割"规律,也就是说头长是身长的1/7,这样才具有美感。如果说头长已经超过了身长的1/7,那么发型高度加头长必然超过了身长的1/7,造成一种失调,在这种情况下男士宜留平头,而女士则宜选择短发;反之,如果头长不到身长的1/7,就可以选择稍高或蓬松的发型。

发型与周围环境的协调主要是指发型与组织的风格与要求、当代的审美观相一致。酒店服务人员必须遵守组织统一的着装、统一的风格,所以发型作为其中的一个环节,也必须符合组织整体的风格与要求,不可标新立异、独树一帜。

发型与工作岗位的协调主要是指在不同的工作岗位上应该有不同的发型风格。这样既能体现酒店工作人员良好的审美水平和素质,又能塑造良好的企业形象。总之,打理发型应以简约大方为主,切忌复杂奢华,以体现敬业精神,避免在工作中被人误会。

4)美观大方

发型设计需要体现艺术性,讲究美感。无论是长发、短发、直发还是卷发,无论是在何种场合、什么身份,都要坚持美观的原则。这也是发型礼仪的基本原则。"爱美之心,人皆有之",对于美好的事物,人们总是乐意接受的。美丽的发型赏心悦目,对于第一印象和整体印象的塑造是十分关键的。

2. 酒店服务人员发型标准

1)男士发型标准

男士发型的基本要求为:保持清洁,无头皮屑,发型不张扬,梳理整齐,发色保持自然色。

男士发型的打理应遵循"三不原则",即前发不过眉、侧发不掩耳、后发不触领。所谓前发不过眉,主要是要求头前的头发不遮盖眼部,即不允许留长刘海。所谓侧发不掩耳,主要是鬓角的头发不宜长于耳垂底部,即不应该蓄留鬓角。所谓后发不触领,则主要是脑后的头发不宜碰到衬衣的领子。为了保持自己的短发,男士应根据头发生长的规律,至少每半个月理一次发。

2)女士发型标准

女士发型的基本要求为:干净、整洁,无异味,无凌乱、夸张之感。

女士短发发型的打理应遵循"三不原则",即前发不遮眼、侧发不盖耳、后发不披肩。女士长发发型的打理应将头发盘成标准的发髻(见图1.26)。

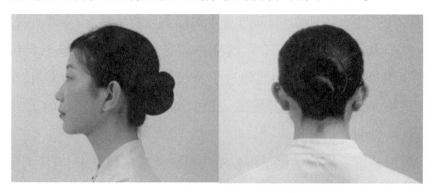

图1.26 女士长发发型标准示意图

2. 发型打造技巧

1)男士分头发型

所需工具:吹风机、梳子、发蜡或发胶(见图1.27)。

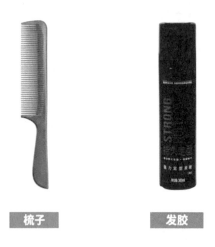

图1.27 男士分头发型所需工具

具体操作步骤(见图1.28):

(1)洗头后,使用吹风机将头发大致按照二八分或者三七分造型吹干。

(2)使用梳子按照造型对头发进行梳理,注意发缝要平直。

(3)使用发胶将头发固定好后,可用手指沿头发梳理的方向,轻轻搓捏出纹理感,使造型更精致。

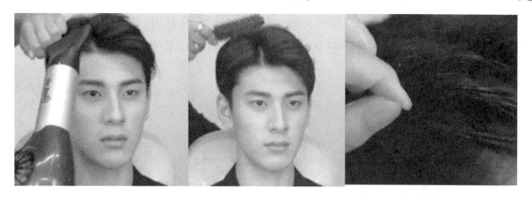

图 1.28 男士分头发型梳理示意图

2)女士的发髻的盘发方法

所需工具:尖尾梳、黑色橡皮筋、U形发卡、黑色一字发卡、隐形发网(见图 1.29)。

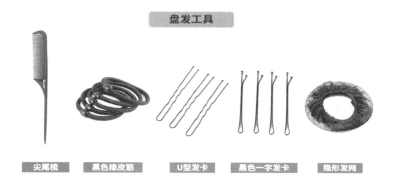

图 1.29 女士发髻发型所需工具

具体操作步骤:

(1)先用梳子将头发梳理顺畅,再用一根黑色橡皮筋将长发扎成一个马尾,此时应注意,马尾高度需要与耳朵上边缘平齐(见图 1.30)。

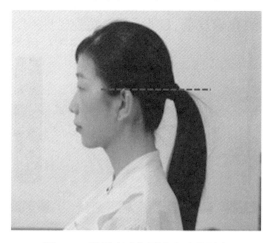

图 1.30 马尾高度与耳朵上边缘平齐

（2）用一个U形发卡穿过发网边缘，在插入马尾的上边，用发网包住整个马尾，按照顺时针或逆时针的方向盘起来，然后用U形发卡固定发髻（见图1.31）。

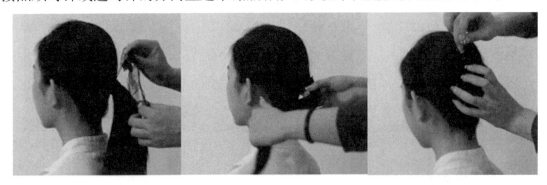

图1.31 使用发网进行盘发

（3）盘好后，整理碎发，用发胶和一字发卡固定（见图1.32）。

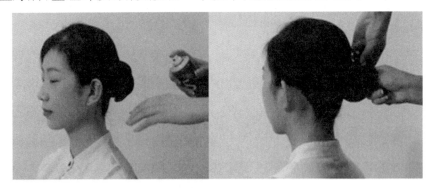

图1.32 使用发胶和U型夹进行固定

 拓展学习

女士中长发的法式盘发方法

所需工具：尖尾梳、黑色橡皮筋、U形发卡、发胶（见图1.33）。

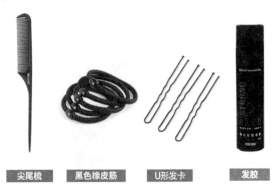

尖尾梳　　黑色橡皮筋　　U形发卡　　发胶

图1.33 女士法式盘发发型所需工具

具体操作步骤(见图 1.34)：

(1)将头发梳顺,扎成一个低马尾,发圈拉松一点,不要扎紧。

(2)一边提拉一边向上托举,用 U 形发卡固定,夹一排在缝隙里隐藏起来,用小梳子整理整齐,顶部用力梳一块头发盖过去。

(3)侧面乱的地方梳理整齐,使用发胶进行固定。

图 1.34　女士法式盘发发型具体步骤

3. 发型的选择

一款合适的发型可以最大限度地扬长避短,修饰脸型不足。

(1)鹅蛋脸适合中分头缝、左右均衡的发型,可增强端庄的美感;留一袭长发,更显古典、飘逸。

(2)圆脸可选择顶发隆起,拉长脸形,侧分头缝,以不对称的发量与形状来减弱脸型的扁平特点。圆脸不适合留刘海,尤其是齐刘海。

(3)方脸可采用不对称的发缝、翻翘的发帘来增加发式的变化,尽量增多顶发;还可以用卷曲的波浪发型来使方正的脸型柔滑,但切勿理寸头,避免像扑克脸似的严肃。

(4)长脸可适当保留刘海,增加两侧头发的蓬松感,不宜选择直发。

(5)心形脸不适合留短发或者往上梳的高头型,可用头发紧贴头顶和太阳穴部位,以减小额角的宽度。上宽下窄脸型的头发适合往左右两侧分开。

坐而论道

"抛砖引玉"部分案例中阿正遇到的尴尬事件可以避免吗?

"论道"指南:

* 熟记酒店服务人员发型标准。
* 上岗前,对照标准进行发型整理。
* 进入重要场合之前,多次进行发型检查。

起而行之

酒店领导安排你和领班出席年终派对,请你简要说明如何打理当天的发型。
请你拍一段视频,分享给大家。

"行之"指南:

* 整洁原则:干净、整洁,无异味。
* 得体原则:符合本人的年龄、职业、身份、场合。
* 协调原则:发型与自身的协调、与周围环境的协调、与工作岗位的协调。
* 美观大方原则:讲究美感,令人赏心悦目。

三省吾身

请对照下表,自评本节课的学习情况。

发型礼仪知识点测试

学习情况自评表

目标达成度		等级评价			
		A	B	C	D
能力目标	整洁原则:干净、整洁,无异味				
	得体原则:符合本人的年龄、职业、身份、场合				
	协调原则:发型与自身的协调、与周围环境的协调、与工作岗位的协调				
	美观大方原则:讲究美感,令人赏心悦目				
素养目标	练习参与度高				
	发型梳理与着装、妆容等风格和谐统一,富有美感				

注:评价等级 A 为优秀、B 为良好、C 为基本掌握、D 为不合格。

1.3 最美仪表

服饰礼仪

 教学目标

素质目标：了解服饰礼仪的重要性,提高服饰审美意识和审美能力。

知识目标：掌握酒店从业人员服饰礼仪的基本要求、服饰礼仪规范,了解酒店统一岗位服饰的目的与意义。

能力目标：能根据酒店着装原则正确着装;能根据酒店配饰佩戴原则合理佩戴饰品;能根据不同社交场合要求合理着装、佩戴饰品。

 教学重点难点

重点：根据酒店配饰礼仪,规范、正确着装和佩戴饰品。

难点：着装与配饰风格保持一致。

 抛砖引玉

教师：同学们去酒店识岗的时候,发现酒店员工的着装有何特点?

阿正：我发现酒店员工都穿着统一的工装,不同岗位的员工穿的工装也不一样。

小师：还有每个员工都带着写有自己名字的工牌呢。

老师：阿正和小师两位同学观察得很仔细,酒店员工上班期间都要穿工装戴工牌,酒店员工的岗位服饰礼仪可不仅仅是这些,下面我们一起学习酒店员工的服饰礼仪。

立而受教

服饰是形体的延伸,对人体美起着修饰作用。如果说服饰体现了一个人的文化修养和审美情趣,那么酒店从业人员的岗位服饰体现的就是企业形象与企业文化,是酒店的名片。

1. 服饰礼仪的基本要求

(1)统一着制服(工装),并符合酒店的形象设计。

(2)工装干净整洁、外观平整、搭配合理。

(3)佩戴员工名牌(工牌)。

(4)佩戴符合身份、制作精良的饰品。

2. 岗位着装礼仪

1)岗位着装原则

服饰礼仪教学视频

国际通行的着装原则是 tpo 原则。tpo 是英语单词时间(Time)、地点(Place)和场合(Occasion)的缩写,即着装应该与当时的时间、所处的地点和场合相协调。

根据酒店从业人员的岗位工作实际,在 tpo 原则的基础上,我们把酒店从业人员的岗位着装原则提炼为 TP 原则。

T(time)代表时间,岗位着装分时间、季节不同,工装的款式也有所不同。

P(position)代表岗位,岗位不同,工装款式也不同,如门童行李员、前厅接待员、客房服务员、餐饮服务员、保洁人员、工程人员、保安人员的制服不同,同为餐饮服务人员,中餐岗位、西餐岗位、自助餐岗位着装也不同。

2)操作标准

(1)工装。工装要干净、平整;无破损、无污迹或灰尘;穿全套制服,裤子长度适中。特别需注意的是:任何情况下袖口、裤脚不可挽起,不得开扣,尤其是内衣不能外露;口袋内不可放过多东西。

(2)衬衣。衬衣穿着和工装一样,一定保持干净、平整,注意衣领和袖口没有磨损;纽扣齐全并且要系紧。

(3)鞋子。鞋子经酒店批准,式样标准,和所穿工装风格一致,鞋子要干净、无破损,皮鞋的鞋面要保持光泽。

(4)袜子。女员工穿裙装时必须根据酒店要求穿黑色、肉色长筒连裤袜;丝袜应完好,无脱丝。因此女员工应随身携带1~2双丝袜以备不时之需。

男员工穿深色袜子,袜子不松弛、不脱落,无破损;最好每天更换,以防散发异味。

3. 配饰礼仪

1)配饰的佩戴原则

酒店从业人员配饰的佩戴原则包括以下四点:

(1)符合身份。酒店从业人员在佩戴饰品时,不仅要考虑个人爱好,而且要考虑是否适合自己工作的身份,不宜佩戴昂贵、时尚或者廉价、粗糙的饰品。

(2)以少为佳。可以不佩戴饰品。如果佩戴的话,不要超过三种,因为佩戴的种类过多,彼此之间不易协调,看上去乱七八糟,反而有损形象。

(3)扬长避短。佩戴的饰品要与自身条件相协调,根据自己的体型、肤色、脸形、发型、年龄、气质等,选择适合自己的饰品。

(4)风格统一。佩戴的饰品一定要与所穿着的岗位工装颜色匹配、风格统一。

2)佩戴标准

配饰的佩戴标准主要有以下几点:

(1)酒店人在工作期间必须佩戴员工名牌,名牌应戴在左胸上方。

(2)戒指:除结婚戒指外,不允许佩戴笨重、耀眼或能发出噪声的饰物。

(3)项链:女员工可以佩戴项链,但款式要小巧、精致、简洁大方。

(4)耳环:女员工可佩戴耳环(耳钉),款式同样要求简洁大方,小巧、不晃动。

(5)出于安全和卫生的考虑,厨房和管事部的员工不可戴戒指、耳环,也不建议戴手表。

4. 服饰统一的作用

(1)树立酒店的企业形象。统一的服饰能产生整体、统一的美。

(2)展示酒店的企业文化。服饰是传递企业文化的一个重要载体,不仅能反映员工的精神风貌,而且能体现出企业文化的内涵。

(3)增强员工的归属感。统一服饰能够营造一种集体氛围,增强群体意识,让员工有亲切感和安全感。

(4)增强纪律性,便于标准化管理。员工着工作服也是时时提醒自己正在上班,应该做好分内的事,有助于增强企业纪律,还会提高企业员工的工作效率。

(5)方便客户识别。不同岗位身着不同的工装,可以方便客户识别,为客人提供更便捷周到的服务。

坐而论道

在工作期间党员需同时佩戴党徽和佩戴员工名牌，怎么佩戴合适呢?

"论道"指南:

(1)员工名牌是企业员工身份的标志，一般由公司名字、员工个人及岗位信息、员工照片组成，有的还附有员工岗位二维码，作用之一就是亮明员工身份。

(2)党员徽章是党的象征和标志，佩戴党徽是亮明党员身份，展示党员形象，而且是党员责任。

 起而行之

按性别把全班同学分为男、女两组，每组出一个代表，按要求完成下面模拟训练:

假如你是前厅客服中心的预订员，请根据岗位服饰礼仪要求，设计夏天上岗时所穿衣服和佩戴首饰。

"行之"指南:

(1)明确工作时间、工作岗位。

(2)男女性别不同，着装标准、注意事项也不同。

(3)夏季女性尤其需要注意配饰在夏季的佩戴原则。

三省吾身

请对照下表，评价各组同学服饰礼仪的得分。

服饰礼仪知识点测试

学习情况自评表

目标达成度		评价等级			
		A	B	C	D
能力目标	穿全套工装服,衣服干净、平整、无污迹,女员工内衣不外露、无暴露走光现象,口袋内无杂物等				
	衬衣干净、平整,衣领和袖口没有磨损,纽扣齐全并且要系紧				
	鞋子和所穿工装风格一致,干净、无破损,皮鞋的鞋面有光泽				
	女员工着裙装穿黑色或肉色长筒连裤袜、丝袜无脱丝;男员工穿深色袜子,袜子不松弛、不脱落、无破损				
	佩戴员工名牌,戴在左胸上方				
	女员工佩戴首饰不超过三种,所佩戴的耳环、项链和戒指小巧、精致				
素养目标	小组成员参与度高				
	着装、配饰风格和谐统一,富有美感				

注:评价等级 A 为优秀、B 为良好、C 为基本掌握、D 为不合格。

1.4 最美文化

1.4.1 涉外礼仪

教学目标

素质目标:尊重他国文化,认识到国家文化差异性,树立关注细节、尊重他人的观念。

知识目标:了解并熟记酒店常见客源国客人的禁忌,熟知服务原则,能根据特点辨认不同客源国的客人。

能力目标:能在涉外交往场合中展现良好的礼仪,回避对方禁忌,能运用所学知识进行酒店对客服务。

教学重点难点

重点:常见客源国的禁忌。

难点:做好实际的对客服务。

抛砖引玉

某公司王经理与美国客户汤姆谈完合约后,请汤姆一行到酒店吃饭。为表达诚意,王经理请实习生小师帮忙推荐几道酒店特色菜,小师根据酒店特色和平时客人喜好,热诚地推荐了红烧鲤鱼、毛血旺等菜。上菜以后,王经理热情地招呼汤姆用餐,却发现汤姆有些蹙眉,虽然没有说什么,却只吃宫保鸡丁。王经理、小师也不明所以,饭局一时陷入尴尬。

想一想,饭局为什么会陷入尴尬?小师推荐的菜品合适吗?

1. 涉外交往礼仪的重要性

涉外交往礼仪,简称涉外礼仪,是国际交往中对交际对象表示尊敬与友好的约定俗成的习惯做法。恰当地运用涉外礼仪不仅能表示对对方的尊重,而且能树立良好的自身形象。当今世界,涉外交往变得越来越频繁。俗话说得好,十里不同风,百里不同俗,掌握不同国家和民族的习俗,不仅能避免产生一些不必要的误会或矛盾,还能提升酒店服务水平和形象。因此,酒店工作人员很有必要了解一些主要客源国的文化禁忌与接待礼仪。

涉外礼仪教学视频

2. 涉外服务中的主要准则

1)维护国家利益

国家利益高于一切,在涉外交往中,绝不允许有任何损害国家利益的行为。维护国家利益是对外交往要遵循的最重要的原则。

2)求同存异

对外交往时,酒店从业人员要充分了解外宾所在国的习俗与禁忌,在不违背国家利益的前提下,尊重外宾习俗,服务时既不能少见多怪、妄自非议,也不能以我为尊、我行我素。

3)不卑不亢

酒店从业人员的言行代表着国家和民族,对外服务时要从容得体、进退有度、大方端正,既不自卑,也不自大。

4)热情适度

服务中,要把握好分寸,既能让客人感到宾至如归,又不因过分热情而使人反感。

5)尊重隐私

尊重客人隐私,凡涉及经历、年龄、婚恋、政治见解等的话题均属个人隐私,不宜询问。

3. 主要客源国接待礼仪与文化禁忌

1)日本

日本是我们的近邻,很多风俗与我国相似,但也有很多不同。

(1)日本人忌讳4和9。"4"与"死"的读音接近,意味着倒霉和不幸,所以赠送日本友人礼品时切记不送数字为4或谐音为 sì 的礼品,也不要安排日本人入住4号、

14 号、44 号等号码的房间。同样,"9"与"苦"的发音相近,不要赠送件数为 9 的物品或安排房号为 9 的房间。

(2)不要送梳子作为礼物,在日语中"梳子"的发音与"死"字相近。

(3)礼品包装图案忌讳用狐狸和獾子,因为它们分别代表贪婪和狡诈。

(4)慎用菊花。菊花在日本是王室专用花卉,是皇室的标志,一般人不敢也不能接受这种礼物。

(5)与日本客人合影时,不要安排三人并排,因为站在中间的人有受制于人之嫌。

(6)日本人忌讳紫色和绿色,紫色代表悲伤,绿色代表不祥。

2)阿拉伯国家

阿拉伯人信奉伊斯兰教,禁忌比较多。服务阿拉伯客人时,酒店从业人员要尤其注意,不要触碰这些忌讳,以免引起误会甚至矛盾。

(1)阿拉伯人禁食含有酒精的饮料,认为酒是一切万恶之源。

(2)一般不要给女客人送礼物。阿拉伯人最忌讳向其妻子赠送礼品,认为这是对其隐私的侵犯和对其人格的侮辱。不过可以送礼物给孩子。

(3)忌送绘有妇女形象的工艺品和动物图案,特别是狗、猪等图案的物品。

(4)勿用左手递送礼物,递送或接受礼物时只能用右手。因为在阿拉伯人的传统观念中,左手不洁净。阿拉伯人待人接物、吃饭都是用右手,左手递给他们食物是非常不敬的。

(5)阿拉伯人不吃猪肉不喝酒,通常也不吃动物内脏和血、非主流的动物肉类以及非诵真主的尊名而宰的肉类,禁止吃家驴的肉,不吃自死物。这类东西在和阿拉伯人打交道时尽量不要出现。

3)法国

法国是一个西方国家,讲求浪漫与优雅,有自己独特的文化特色。

(1)视孔雀为恶鸟,并忌讳仙鹤。这些动物在法国人眼中都是不好的象征。这与中国的传统习俗恰好相反,所以在接待中酒店从业人员尤其要注意避免使用含有这些动物的图案和用品。

(2)认为杜鹃花、纸花不吉利。

(3)不要称呼老年妇女为"老太太",这会让她们不高兴。

(4)男人不宜女人送香水,这有过分亲热和图谋不轨之嫌。

（5）忌讳核桃，不吃肝脏之外的动物内脏、无鳞鱼和带细刺的鱼，不吃味精，也不爱吃辣味的菜肴。

4）美国

美国人与人交往时，习惯实事求是，坦率直白，不习惯过分的客套与谦虚。与美国人交往要注意以下禁忌：

（1）不要打听别人的年龄、婚姻状况、体重和宗教信仰等，他们认为这些都是个人隐私。

（2）不要称呼黑人为"Negro"，这个词带有贬义。

（3）不在用餐时使用牙签，进餐时忌讳打嗝。

（4）忌食鲤鱼、肥肉和各种动物的内脏，不喜欢吃蒜、韭菜这类气味大的食物。

5）英国

英国是一个历史悠久的国家，生活中有很多礼仪，且东西方习俗差别很大。与其交往时，要注意避开他们的禁忌。

（1）忌用山羊、孔雀等动物形象。山羊在英语中用 goat 表示，但这个单词含有"不正经男子"和"坏人"的意思；孔雀被认为是祸鸟，英国人觉得孔雀开屏意味着自我炫耀。英国人平时十分宠爱猫狗，但对于黑色的猫却十分厌恶。此外，他们也不太喜欢大象。

（2）碰撒了食盐或是打碎了玻璃一类的事情，英国人认为代表倒霉。

（3）忌食动物的内脏、头、蹄、血等部分。不爱辣味，较少吃海鲜。

（4）忌讳从梯子下面走过。

（5）忌讳百合花和菊花，认为它们是死亡的象征。

（6）英国人忌讳的数字主要是"13"与"星期五"。其实，不仅英国，信奉基督的西方国家一般都禁忌 13，认为它不吉利。宴会不能 13 人同坐一桌，也不能有 13 道菜；门牌号码、楼层以及各种编号，也都忌讳 13 这个数字。

 坐而论道

"抛砖引玉"部分的案例中小师哪里做的不对呢？

"论道"指南：

在服务外籍客人时，酒店从业人员应先对客源国进行了解，然后根据客人的习

俗和忌讳,有针对性地提供服务。在推荐菜品时,酒店从业人员要尊重不同的风俗习惯,不要触犯客人的忌讳。

 起而行之

酒店要接待一个日本旅行团,当导游带着客人来到前厅办理入住手续时,服务员小师看到4楼有较多空房,就把客人安排到了4楼,她的做法是否妥当?如果遇到了这种情况,你会怎么处理呢?拍一段小视频,分享给大家。

"行之"指南:

尊重各国风俗习惯,不要触犯他国文化禁忌。日本客人忌讳4,所以酒店从业人员尽量避免安排他们入住4楼。

 三省吾身

请对照下表,自评本节课的学习情况。

涉外礼仪知识点测试

学习情况自评表

目标达成度		评价等级			
		A	B	C	D
能力目标	深刻理解并遵守对外交往中的主要准则				
	掌握主要客源国的文化风俗和禁忌				
	在遵守对外交往准则前提下,能根据客人的习俗,为客人提供合适的服务				
素养目标	小组成员参与度高				
	呈现尊重他国文化意识,展现良好礼仪风采				

注:评价等级 A 为优秀、B 为良好、C 为基本掌握、D 为不合格。

1.4.2 民族礼仪及民俗礼仪

教学目标

素质目标:学会尊重他人和文化多样性,促进民族团结和文化交流,营造和谐友善的工作环境。

知识目标:掌握各民族与地区的交际礼仪、禁忌和饮食特点。

能力目标:学会规范有礼貌地接待来自不同民族或地区的客人。

教学重点难点

重点:交际礼仪。

难点:各民族的主要禁忌。

抛砖引玉

餐厅实习生阿正正在接待一名客人,负责把客人引领至餐厅的礼宾部同事告诉他,客人是个满族人。阿正使用正规引领和递接物礼仪请客人落座并将菜单递给客人。客人要喝茶,阿正就把茶杯斟满了茶水,客人看了皱起了眉头,不高兴地让他下去了。事后阿正接到了投诉,理由是他不尊重少数民族同胞的风俗习惯,客人感觉自己受到了冒犯。阿正很难过,也想不清楚自己哪里做错了。

阿正在接待少数民族客人时做错了什么?为什么他所理解的正规服务反而被投诉了呢?

立而受教

我们国家地大物博,幅员辽阔,民族众多,拥有丰富多彩的民族文化。各民族文化、习惯上的差异也在日常工作和交往中对我们提出了一些挑战。尊重少数民族的民俗习惯与宗教信仰,是党和国家民族政策的重要组成部分,是民族平等和民族团结的重要内容。因此,了解并尊重不同民族的礼仪对于酒店从业人员至关重要。

1. 民族礼仪

1)满族

(1)满族的交际礼仪有:

满族习俗的核心是"尊老敬上"。遇见长辈时,下垂双手、侧身、鞠躬,为长辈让行;就餐时,通常长辈与小辈分桌而坐。饮食上,酒店、餐厅需要为满族客人准备大盅饮酒和双数的菜肴,由于满族有"茶满欺人,酒满敬人"之说,故餐间服务时需要注意茶倒半碗、酒倒满碗。

民俗礼仪教学视频

(2)满族的主要禁忌有:

①受"义犬救主"传说的影响,满族禁忌与狗相关的食物、衣物等,如狗肉、狗皮帽子等。

②满族以西为上,认为西墙是专门供奉祖先神明的神圣位置,不许挂衣服、贴年画等。

因此,酒店工作人员在给满族客人推荐菜品、布置包间时需要着重关注其禁忌。

2)回族

(1)回族的交际礼仪有:

回族同性间见面和分别时互道"色俩目"(阿拉伯语音译,意为"真主赐你平安")并握手;回族男女之间互道"色俩目"时不握手;回民与非伊斯兰教徒只握手问好,不说"色俩目"。

(2)回族的主要饮食习惯有:

①饮食以牛、羊等反刍类食草动物以及家禽、有鳞的鱼等为主。

②为客人倒茶、端茶饭等均用右手,认为右手为贵;从客人处接物时需用双手。

③有条件的前提下,饭前饭后须用流水洗手。

(3)回族的主要禁忌有:

①禁食猪、狗、马、驴、骡等,尤其猪肉。

②禁食动物血液。

③禁用禁忌的食物打比方,或拿食物开玩笑。

④忌抽烟、喝酒。

　　在给回族客人推荐菜品时,要注意避免禁忌,同时为客人营造干净、整洁的酒店环境,前台工作人员安排楼层时可以尽量安排在无烟楼层。餐饮工作人员需要提前准备好茶水供客人饮用,并主动告知回族客人洗手间位置,方便客人净手。

　　细节之处方能彰显对少数民族同胞宗教信仰与风俗习惯的尊重和理解,让客人的住宿、用餐体验更舒心。除了民族风俗,传统节日也对酒店从业人员的服务礼仪提出了一定要求。

2. 民俗礼仪

　　春节、中秋节和端午节是我国比较重要的三个传统节日,酒店通常会在这些节日举办各种活动、推出各种礼品。

　　1)春节

　　春节又称过年,广义上是指农历正月初一至正月十五,狭义上是指农历正月初一,是我国最隆重的传统节日,不论距离家乡多么遥远,在外游子都会尽可能赶回家中与家人团聚。因地域文化的差异导致春节期间全国各地的贺岁活动在形式、习俗、内容和细节上有所不同。但总体上,全国各地在除夕夜前会进行"大扫除"、贴春联;除夕夜包饺子、祭祖、全家人一起边看春晚边吃年夜饭、放鞭炮等。自正月初一到正月十五,人们会按照当地风俗习惯拜年、串亲戚等。

　　各地酒店针对春节推出的服务内容大体相同,如:

　　(1)由餐饮部推出体现全家团圆精神的年夜饭。

　　(2)举办守岁活动,邀请客人一起看春晚、守岁火,期望新一年吉祥如意。

　　(3)在酒店大堂、中餐厅等处进行布置,营造浓厚的传统节日氛围。

　　2)中秋节

　　农历八月十五是我国传统中秋节,是仅次于春节的第二大传统节日。这一夜的月亮最圆最亮,被国人看作团圆的象征。因此,针对中秋节,酒店通常会举办如下活动:

　　(1)推出各种档次、口味,具有本酒店特色的月饼。

　　(2)举办赏月活动,请客人边吃月饼边赏月,还会请客人猜灯谜等。

　　(3)由餐饮部推出体现全家团圆精神的中秋节套餐等。

　　(4)在酒店大堂、中餐厅等处进行布置,营造浓厚的传统节日氛围。

　　3)端午节

　　农历五月初五是我国传统端午节,是汉族传统节日之一。为纪念五月五日投汨

罗水的诗人屈原,人们会在这一天赛龙舟、包粽子、饮艾酒、吃艾糕等。因此,针对端午节,酒店通常会举办如下活动:

(1)推出各档次、口味、符合本酒店特色的粽子,以礼品形式在各个渠道进行销售。

(2)由餐饮部推出端午团圆宴等特色菜式。

(3)在酒店大堂、中餐厅等处进行布置,营造浓厚的传统节日氛围。

需要注意的是,酒店在推出针对传统节日的服务产品时,还需要充分考虑文化与习俗差异,体现当地的节庆特色。

3. 地域饮食

我国地域辽阔,不同的地形、气候、资源等造就了差异明显的地域饮食。总体上,我国可以分为东北、华北、西北、西南、华东、华中共六个地域,各地饮食习惯各有特色。

1)东北地区

(1)口味重,偏油偏咸。

(2)多以米麦、杂粮为主食。

(3)常食粉条、白菜、土豆、菌类等。

(4)肉类以猪肉、鱼虾、野味等为主。

2)华北地区

饮食简单朴素,以面食为主,如馒头、面条、饺子等。

3)西北地区

(1)该地区少数民族人数众多,肉食以羊肉、鸡肉为主。

(2)主食是玉米、小麦、杂粮,常食烙饼、汤面、蒸馍等。

(3)饮食风格粗犷自然又淳朴。

4)西南地区

(1)普遍嗜好酸、辣口味的食物。

(2)以大米和糯米为主食。

(3)小吃种类繁多,如四川火锅、云南过桥米线等。

5)华东地区

(1)饮食结构一般是汤、菜、主食。

(2)口味清淡、略甜。

（3）以大米为主食，喜食糕类和团类，如宁波汤圆。

（4）有冷食、生食的习惯，如醉蟹、生鱼片等。

6）华中地区

（1）该地区以大米为主食，部分山区喜食小麦、高粱、玉米、土豆、木薯、番薯等。

（2）湖南、湖北小吃精致且变化多样。

（3）该地域少数民族众多，如壮族、苗族、黎族、瑶族、毛南族、土家族等，有极具特色的民族美食，如竹筒饭等。

 坐而论道

"抛砖引玉"部分的案例中，阿正哪里做错了呢？

"论道"指南：

＊不同民族的交际礼仪与禁忌。

＊满族餐桌文化。

 起而行之

酒店中餐厅服务人员接待了一批来自江苏的老年旅客，你会如何给客人点菜并推荐菜品呢？拍一段小视频，分享给大家。

"行之"指南：

＊地域饮食：口味清淡、略甜；有冷食、生食的习惯，如醉蟹、生鱼片等。有意识地推荐符合江苏人民口味、适合老年人的菜品。

＊递接礼仪：双手递接，面带微笑。

 三省吾身

请对照下表，自评本节课的学习情况。

民俗礼仪知识点测试

学习情况自评表

目标达成度		评价等级			
		A	B	C	D
能力目标	满族交际礼仪:"尊老敬上";大盅饮酒和双数的菜肴;"茶满欺人,酒满敬人"				
	满族禁忌:禁忌与狗相关的食物、衣物等;以西为上				
	回族交际礼仪:右手为贵,为客人倒茶、端茶饭等均用右手,从客人处接物时需用双手				
	回族禁忌:禁食猪、狗、马、驴、骡,动物血液等;禁用禁忌的食物打比方,或拿食物开玩笑;忌抽烟、喝酒				
	传统节日:酒店在三大传统节日的活动				
	地域饮食:根据不同地域的饮食习惯推荐菜品				
素质目标	教学活动参与程度高				
	学会尊重他人文化背景与饮食习惯				

注:评价等级 A 为优秀、B 为良好、C 为基本掌握、D 为不合格

倾壶待客

2.1 最美前厅人

2.1.1 电话礼仪

教学目标

素质目标:增强服务意识,提高礼仪修养。

知识目标:掌握酒店电话礼仪的基本要求、接听电话的服务流程和工作标准。

能力目标:根据电话礼仪的基本要求、工作标准为客人提供电话接听服务。

教学重点难点

重点:根据操作标准为客人提供电话接听服务。

难点:根据酒店礼仪的基本要求,恰当处理接听电话时的突发情况。

抛砖引玉

小师是客服中心的一名预订员。这天她正忙着核对信息,电话铃声响起四声后,她才匆忙接起电话。

小师:您好,很高兴为您服务。

顾客:你好,预定 23 日的一个大床房,两个标间,最好在一个楼层,房间也挨着,还有房间最好远离电梯。

小师:好的,我帮您查一下。

小师在电脑上查询,边查边问:您预定是哪一天的房间?

顾客:后天。

小师:后天是哪天?

顾客:23 日。

小师:23 日有大床房一间,标准间二间。

顾客：请问，三个房间是在一个楼层吗？房间号挨着吗？

小师：稍等，我再帮您看看。

小师放下听筒，又回到电脑前查询。

小师的行为是否正确？若不妥，有哪些不妥之处？

立而受教

电话是现代社会常用的沟通工具。作为服务行业，酒店的每个部门都有机会通过电话与宾客沟通，电话礼仪不仅反映了酒店从业人员的文化素质、礼仪修养，同时也代表着酒店的服务品质。电话礼仪是每一位酒店从业人员必须掌握的一项基本服务技能。

下面以酒店前厅客服中心的预订员的岗位为例，介绍酒店电话礼仪的技能要点。

电话礼仪教学视频

1. 电话礼仪的基本要求

1）预订员岗位职责

（1）熟练掌握当班房况，合理承接预订，使房间能够得到最大化利用。

（2）熟练掌握话务业务，准确迅速地接受各种形式预订。

（3）为预订房间及时排房。

（4）认真规范地填写预订单，保证将预订信息准确无误地录入电脑。

（5）爱护设施设备，做好清洁保养工作。

（6）严格执行安全保密制度。

2）岗位礼仪要求

（1）仪容端正，发型标准，仪表整洁，服饰规范。员工的仪容仪态，展现的是自身的精神风貌以及企业的整体形象。

（2）熟悉电话业务，接听及时迅速，记录详细准确。好记性不如烂笔头。与客人通话时，预订员必须及时记录与客人通话的要点，以准确了解客人需求，为客人提供周到的服务。

（3）发音标准，语言简洁，语气亲切自然，语速适中，语调轻柔动听。使用普通话或相应外语，吐字清晰。音量要适中，不要过高，亦不能过低，以免客人听不清。声调要柔和、亲切，要给人一种愉悦的感受。

（4）态度和蔼，保持微笑，信息沟通能力强。提醒自己时刻保持微笑，运用带笑声音与客人通话，让客人在电话的另一端充分感受到你的热情与真诚。

（5）严守话务机密。替他人保守个人秘密，这是基本修养。保障客人的信息安全,严守话务机密,是礼仪要求,更是酒店从业人员的岗位职责,也是赢得客人信任的要素之一。

2. 接听电话的流程及标准

1)工作流程

依据工作实际,我们可以把接听电话分为接打前的准备、接听电话、结束通话三个工作流程。

2)操作标准

(1)准备阶段:

①材料准备:电话簿、常用电话号码、日历、预订单以及笔全部放在便于拿到的位置。

②规范动作:面带微笑,保持正确的坐姿或站姿,随时做好接听电话、记录、查询电脑的准备。

(2)接听电话:

①应答及时,铃响三声内接听电话。如正在处理紧急事情,听到电话铃响时应立即接起,然后致歉:"对不起,请稍等片刻。"或征求其意见,可否另外找时间打来,或记录下电话,告知什么时间打过去。

②接听电话时,左手拿听筒,右手拿笔记录。按照"5W1H"原则进行记录。来电人姓名、公司名称、职位,必要时记下对方电话号码(who);地点(where);时间(when);事件(what);事由,来电的目的(why);希望如何去做这件事(how)。

③电话听筒贴近耳朵,话筒距口 2～5 厘米;不允许对着话筒"呼呼"吹气。

④对客人给予最大限度的照顾和满足,不可直接拒绝客人的需求。

(3)标准话术:

①接起电话:

用礼貌用语向客人问好,然后报出酒店或部门名称以及自己的姓名,向客人传递你最大的友善,给人以最好的第一印象。

a.若是内线电话,则先问好,然后报所在部门,如:"您好,这里是客服中心,我是小师,很高兴为您服务。"

b.若是外线电话,则先问好,然后报酒店名称,如:"您好,这里是××大酒店,我是小师,很高兴为您服务。"

②接听过程:

a.确认身份。"先生/女士,请问怎么称呼您?"(留客人全名,以便联系。)客人留下姓名之后,在交流中必须使用称谓,如"张先生,请问您准备预订哪天的房间?"使用称谓,会缩短彼此的心理距离,使客人感到亲切、热情。

b. 积极回应。根据实际情况,适时使用"好的""对""是的""嗯、嗯""明白"等,给予客人积极反馈。

c. 重述修正。如是客人需求电话,需详细记下客人的服务需求和特殊要求等,重复客人需求,确保信息无误,如:"您好,张先生,我重复一遍,您看一下您是这个意思吗?""张先生,我复述一遍,您看一下是否正确?"

（4）结束通话：

①规范动作：

a. 客人打来的电话要等对方挂断电话后再挂断。

b. 听筒要轻拿轻放,挂线时应轻按按键。

c. 记录好接听电话情况（电子版或纸质版）。

②标准话术：

a. 通话结束前,要询问客人:"张先生,请问您还有其他需求吗?"

b. 确认客人无事后,向客人道别:"再见,张先生,感谢您的来电,祝您今天愉快/祝您晚安!"

"抛砖引玉"部分案例中,小师的行为有何不妥之处?

"论道"指南：

主要从接听电话时规范动作和标准话术两个方面进行剖析。

情景模拟：

小师同学在酒店前厅客服中心预订员岗位进行岗位培养,上岗后他接到一个外线电话,电话的大意是:自己是×××的高中同学,听说他来本市开会,住在这家酒店,询问他在哪个房间?

全班分成 6 个小组,各组派代表分别扮演小师、来电客人,交叉进行。

"行之"指南：

＊电话礼仪:坐姿站姿标准、保持微笑、态度和蔼。

＊接听电话的工作流程:每个流程的规范动作和标准话术。

＊根据岗位礼仪要求灵活处理各种突发情况。

三省吾身

请对照下表,评价各组同学电话礼仪的得分。

电话礼仪知识点测试

学习情况自评表

目标达成度			评价等级			
			A	B	C	D
能力目标	接听前准备	电话簿、常用电话号码、日历、预订单和笔全部放在便于拿到的位置				
		面带微笑,保持正确的坐姿或站姿				
	接听电话	铃响三声内接听电话;接听电话时,左手拿听筒,右手拿笔记录,记录正确;电话听筒贴近耳朵,话筒距口2~5厘米,不对着话筒吹气;不直接拒绝客人需求				
		接起电话:问候＋报酒店名称＋自己姓名＋提供帮助 接听过程:确认身份,使用称谓服务;根据实际情况,适时给予客人积极反馈;重述修正,详细记下客人的服务需求和特殊要求等				
	结束通话	对方挂断电话后再挂断;挂线时应轻按按键等;做好来电记录				
		通话结束前,要询问客人;确认客人无事后,向客人道别				
素养目标	小组成员参与度高					
	有服务意识					

注:评价等级A为优秀、B为良好、C为基本掌握、D为不合格。

2.1.2　鞠躬礼仪

 教学目标

素质目标:遵守礼仪规范,提升文明素养。

知识目标:掌握鞠躬礼仪的动作要领及类型。

能力目标:根据不同情境规范运用鞠躬礼仪。

 教学重点难点

重点:规范的鞠躬动作和鞠躬礼仪要领。

难点:在不同情境下将鞠躬礼仪和服务语言相结合。

 抛砖引玉

酒店实习生阿正第一天上岗,被分配在酒店大堂门口负责迎宾工作,接到任务后阿正立刻到岗酒店门口当值。阿正身体笔直、表情严肃地站在门口,这时客人由门口进入大堂,阿正猛地鞠躬迎接顾客,客人被吓了一跳,皱起眉头面露不悦。大堂经理赶紧过来,致歉解释。之后,大堂经理对阿正进行了留岗指导。

为什么顾客看见阿正会皱起眉头?阿正鞠躬迎接客人的服务礼仪有哪些错误呢?

 立而受教

鞠躬即上身弯身行礼,是对他人表示尊重的一种礼节,适用于酒店服务业的各岗位与普通的社交活动。

1. 鞠躬站姿标准

1) **男士标准站姿**

身体立直,挺胸抬头,下颌微收,双目平视,双腿伸直膝盖并拢夹紧,脚跟靠紧脚掌分开呈 V 字形,挺髋立腰,吸腹收臀,双手置于身体两侧自然下垂;或者是两腿分开,两脚平行,双腿分开的距离不能超过肩宽,双手在身后交叉或右手搭在左手上,贴在腹部(见图 2.1)。

鞠躬礼仪教学视频

2) **女士标准站姿**

身体立直,挺胸抬头、下颌微收、双目平视,双脚呈 V 字形。左右手四指并拢,虎口交叉,右手在上与左右拇指相互重叠,放于腹部或双手置于身体两侧,自然下垂,脚跟靠拢,双脚尖处微微分开;或左脚略向前,右脚略向后,前脚的脚后跟稍稍向后脚的脚内侧靠拢,双腿伸直膝盖并拢夹紧(见图 2.1)。

图 2.1 站立要求示意图

2. 鞠躬礼动作要领

行鞠躬礼时,面对客人或与客人呈 45 度角站立,头颈背成一条直线,上身保持直立,由腰开始上身向前倾,动作速度适中。双腿伸直,膝盖并拢夹紧,目光随身体前倾,落于脚前地面,保持微笑,停顿一秒,再慢慢抬起,注视对方(见图 2.2)。

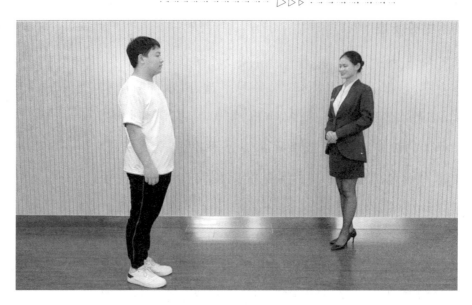

图 2.2　站立要求示意图

通常待宾客进入视线范围后在距客人 1 到 2 米的距离行鞠躬礼,注意面带微笑,与对方进行目光交流(见图 2.3)。

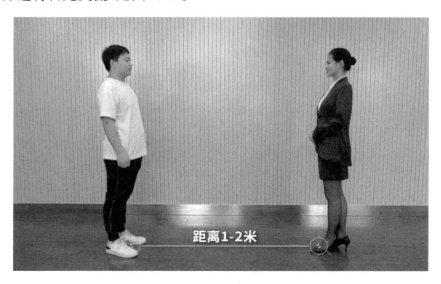

距离1-2米

图 2.3　距离要求示意图

3. 行鞠躬礼仪场合

酒店前厅部服务、客房部服务、酒店餐饮部服务等。

4. 鞠躬礼仪类型

1)15 度鞠躬礼

服务位置:站在距离酒店门口内一侧约 2~3 米的位置。

涉及岗位:酒店迎宾服务岗位。

鞠躬礼方位:客人进入酒店,迎宾员身体转45度,与客人呈45度角,目视对方,保持微笑,并说"您好,欢迎光临"(音量适中)。

动作要领:目视对方,保持微笑,头、颈、背呈一条直线,身体前倾15度,目光落在体前2米处,再慢慢抬起,保持微笑注视对方(见图2.4)。

图2.4 15度要求示意图

2)30度鞠躬礼

服务位置:站在距离酒店门口外一侧约2～3米的位置。

涉及岗位:酒店送宾服务岗位。

鞠躬礼方位:客人离开酒店,迎宾员身体转45度,与客人呈45度角,目视对方,保持微笑,并说"您好,欢迎再次光临"(音量适中)。

动作要领:目视对方,保持微笑,头、颈、背呈一条直线,身体前倾30度,目光落在体前1.5米处,再慢慢抬起,保持微笑注视对方(见图2.5)。

图2.5 30度要求示意图

3)45度鞠躬礼

服务位置:酒店客房部或餐厅部。

涉及岗位:酒店客房餐厅服务岗位。

鞠躬礼方位:遇到长者或尊者,迎宾员身体转45度,与客人呈45度角或面对客人,目视对方,保持微笑,并说"您好"(音量适中);表示歉意时,面向客人2米的距离,目视对方,表情严肃,并说"对不起,请多包涵"(音量适中)。

动作要领:目视对方,表情严肃,头颈背呈一条直线,前倾45度,目光落在体前1米处,再慢慢抬起,注视对方(见图2.6)。

图2.6 45度要求示意图

4)90度鞠躬礼

90度鞠躬礼使用率较低,一般是在葬礼上向死者哀悼或者犯下重大过错向客人道歉的时候使用。

动作要领:身体前倾90度,目光落在体前0.50米处,再慢慢抬起,注视对方(见图2.7)。

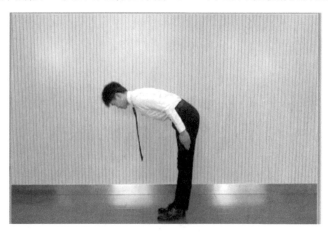

图2.7 90度要求示意图

5. 鞠躬礼仪语言

问候用语要亲切,如您好! 大家好! 下午好! 等。

迎送用语要真诚,如欢迎光临! 欢迎再次光临! 请您走好! 再见等。

请用语要礼貌,如请问、请稍候、请让一下、请多关照、请慢走、拜托等。

致谢用语要诚恳。如谢谢您对我们工作的配合与支持等。

6. 几种错误的鞠躬方式

(1)只弯头的鞠躬;

(2)不看对方的鞠躬;

(3)头部左右晃动的鞠躬;

(4)驼背式的鞠躬;

(5)可以看到后背的鞠躬(见图2.8)。

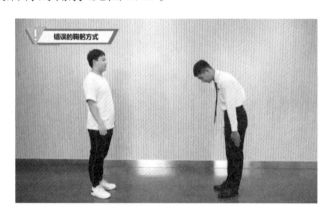

图 2.8 错误鞠躬示意图

7. 日常生活中的鞠躬礼仪

日常生活中学生对老师、晚辈对长辈、下级对上级、表演者对观众等都可行鞠躬礼。

鞠躬是中国、日本、韩国、朝鲜等国家传统的、普遍使用的一种礼节,主要表达"弯身行礼,以示恭敬"的意思。其本意为不抵抗,相见时把视线移开,郑重地把头低下,告诉对方我对你没有敌意,用鞠躬表示敬意是产生于后代的事。日常生活中的鞠躬一般为30度或45度,90度大鞠躬常用于特殊情况。而三鞠躬一般都是对于死者进行的,主要表达对死者的尊敬;对于特别尊重的长辈,也可以行此礼。

 坐而论道

"抛砖引玉"部分案例中,阿正鞠躬迎接顾客的服务礼仪都有哪些问题?

"论道"指南:

＊ 注意阿正表情是否合适。

＊ 看鞠躬动作是不是规范。

＊ 他值岗时应该怎样规范使用鞠躬礼仪。

 起而行之

结合所学知识点两人结组,分酒店工作人员和酒店顾客两种角色自选场景,进行模拟实训,并拍摄一段小视频,分享给大家。

"行之"指南:

＊ 鞠躬神态:表情自然,面带微笑,目视对方。

＊ 鞠躬位置:待宾客进入视线距对方1～2米的距离。

＊ 鞠躬角度:面对客人或与客人呈45度角站立。

＊ 鞠躬动作:头颈背呈一条直线,上身前倾,停顿一秒,缓起。

＊ 鞠躬类型:15度、30度、45度、90度。

 三省吾身

请对照下表,评价各组同学鞠躬礼仪的得分。

鞠躬礼仪知识点测试

学习情况自评表

目标达成度		评价等级			
		A	B	C	D
能力目标	鞠躬神态:表情自然,面带微笑,目视对方				
	鞠躬位置:待宾客进入视线距对方1～2米的距离				
	鞠躬角度:面对客人或与客人呈45度角站立				
	鞠躬类型:15度、30度、45度、90度				
	鞠躬动作:头颈背呈一条直线,上身前倾,停顿一秒,缓起				
素养目标	仪表得体,形象优良				
	学习态度积极,课余参与练习				

注:评价等级 A 为优秀、B 为良好、C 为基本掌握、D 为不合格。

2.1.3 介绍礼仪

教学目标

素质目标:树立正确的礼仪观,学会尊重他人,待人体贴。
知识目标:掌握介绍自己和介绍他人的动作要领。
能力目标:规范地、有礼貌地介绍自己和介绍他人。

教学重点难点

重点:自我介绍。
难点:介绍他人的次序。

抛砖引玉

　　某酒店餐饮部新上任的中餐厅经理阿正在参加酒店行业论坛,阿正认为这是一个拓展人脉、增进交流的好机会。于是中场休息期间,他叫上下属一起走到临桌一位正在和人交谈的男士跟前,说了句"不好意思,打扰一下"后,就开始自我介绍,介绍完自己后,礼貌地留给对方一张名片,便告辞离开了,那位男士皱着眉头一脸不悦。阿正的自我介绍符合礼仪规范吗?

立而受教

　　不论在哪个行业,合适的自我介绍都会给人留下良好的第一印象;以合适的礼仪介绍他人,不但可以达到搭建人脉的目的,更能让双方感受到尊重,有利于工作的进一步开展。因此,酒店从业人员必须要掌握恰当的介绍礼仪。

介绍礼仪教学视频

1. 介绍自己

1)自我介绍的内容

主要包括:公司名称、职位、姓名。例如:您好,我是正师大酒店的前厅部经理阿正。

2) **自我介绍的方法**

请对着镜子,运用下列介绍自己的方法进行练习。

(1)右手五指伸直并拢,轻放在左胸口。

(2)身体微微前倾。

(3)目光柔和,表情自然,平视对方或交替注视面前的人员。

3) **注意事项**

(1)时机、场合要合适,避免打扰他人。

(2)最好不超过1分钟。

(3)切忌"一言堂",缺乏互动,或者不给对方自我介绍的机会。

(4)可视情况结合名片礼仪要求交换名片,或者留下联系方式。

除了自我介绍需要遵循一定礼仪规范外,介绍他人互相认识时更要遵守礼仪规范,以避免尴尬和不愉快,让双方都感到充分的尊重。

2. 介绍他人

1) **介绍他人的方法**

主要包括公司名称、姓名、职位、称呼以及与介绍人之间的关系。例如:李总好久不见! 这是正师大酒店的人力资源总监小师,也是我大学的同班同学。

2) **介绍他人的次序**

(1)基本原则。

介绍他人时须遵守"尊者具有优先知情权"这一基本原则,将职位低者优先介绍给职位高者。根据被介绍双方的身份,具体介绍次序见表2.1。

(2)具体介绍顺序。

表2.1 具体介绍顺序

被介绍双方身份	次序
介绍上下级时	先介绍下级,后介绍上级
介绍长辈和晚辈时	先介绍晚辈,后介绍长辈
介绍到场者时	先介绍后来者,后介绍先到者
介绍主人与宾客时	先介绍主人,后介绍来宾
介绍异性时	先介绍男性,后介绍女性
介绍双方团体时	先介绍地位较低方,后介绍地位较高方;若需要介绍团体内各自一方成员,先介绍高位者,后介绍低位者

3)介绍他人的动作要领

请对着镜子,结合下列介绍他人的动作要领进行练习。

(1)五指伸直并拢,掌心向上。

(2)手和小臂呈一条直线。

(3)以手肘为轴,手掌与小臂指向被介绍者。

(4)目光柔和,表情自然,目光随手,注视被介绍者的同时需兼顾另一方(见图2.9)。

图2.9 介绍他人动作要领示意图

4)注意事项

介绍双方认识时,需要注意:

(1)提前调查被介绍双方及其关系,避免弄错介绍次序或称呼。

(2)切忌用手指或者其他物品指着对方。

(3)避免过分赞扬,尤其是女性,以免引起反感。

(4)一般情况下被介绍时,除女性、长辈和高位者外,均应起立。

(5)正式会议或宴会过程中,被介绍人不需起立,点头微笑示意即可。

(6)在特定场合介绍双方认识后,需适时离开,方便双方单独交流。

介绍事小,失礼事大,规范使用介绍礼仪在展现个人能力的同时,更能在细节中给到他人最诚挚的尊重,营造平等、尊重、和谐的工作氛围。

坐而论道

"抛砖引玉"部分案例中,阿正自我介绍时哪里做错了?

"论道"指南：

(1)明确介绍他人次序。

(2)介绍他人的内容。

(3)介绍他人动作要领。

 起而行之

如果需要你介绍职位低但年龄大的女领导和职位高但年龄小的男领导认识,应该先介绍哪一位比较合乎礼仪? 拍一段小视频,分享给大家。

"行之"指南：

＊介绍他人的次序:遵循"尊者具有优先知情权"这一基本原则,根据被介绍双方的身份,将职位低者优先介绍给职位高者。职场上先介绍职位高者。

＊介绍他人的方法:主要介绍公司名称、姓名、职位、称呼以及与介绍人之间的关系。

＊介绍他人的动作要领:五指伸直并拢,掌心向上;手和小臂呈一条直线;以手肘为轴,手掌与小臂指向被介绍者;目光柔和,表情自然,目光随手,注视被介绍者的同时需兼顾另一方。

三省吾身

请对照下表,自评本节课的学习情况。

介绍礼仪知识点测试

学习情况自评表

目标达成度		评价等级			
		A	B	C	D
能力目标	介绍自己:公司、职位、姓名				
	自我介绍注意事项:时机、场合要合适,避免打扰他人;最好不超过1分钟;给他人介绍自己的机会;必要时留下名片等联系方式				
	介绍他人:公司名称、姓名、职位、称呼以及与介绍人之间的关系				
	介绍他人次序:遵循"尊者具有优先知情权"这一基本原则,根据被介绍双方的身份,将低位者优先介绍给高位者				
	介绍他人动作要领:五指伸直并拢,掌心向上;手和小臂呈一条直线;以手肘为轴,手掌与小臂指向被介绍者;目光柔和,表情自然,目光随手,注视被介绍者的同时需兼顾另一方				
素质目标	教学活动参与度高				
	学会尊重他人				
	自觉反复训练				

注:评价等级A为优秀、B为良好、C为基本掌握、D为不合格。

2.1.4 握手礼仪

教学目标

素质目标:提高个人修养,养成尊重他人的习惯。

知识目标:掌握握手的要点和禁忌;掌握握手的顺序。

能力目标:正确地握手;能够正确地和不同人握手。

教学重点难点

重点:握手的要点。

难点:和不同人握手时,伸手的先后顺序。

抛砖引玉

在酒店办公室里,秘书领新入职的员工阿正跟刘总(女)见面,阿正抢先一步伸手跟刘总握手,嘴上说着"刘总,您好",刘总皱了皱眉头,勉强伸出了手………

想一想,阿正为什么会让刘总不高兴呢?你知道如何正确握手吗?

立而受教

握手是酒店从业人员接待重要宾客时经常用到的一种见面礼节。掌握握手礼仪,不仅能体现出良好的个人修养,而且是对企业整体形象的一种提升,体现尊重、文明、和谐的社会氛围。

1. 酒店服务人员握手礼节

首先,酒店服务人员在服务场合不要主动伸手与客人握手,可点头致意或者行鞠躬礼,但是当宾客主动伸手时应热情相握。握手时要注意以下四点。

1)握手神态

握手礼仪教学视频

双方握手时,应面带微笑,目视对方双眼,并且寒暄致意(见图 2.10)。

图 2.10　握手神态示意图

2)握手姿势

至握手对象约 1 米处,双腿立正,上身略向前倾,自然伸出右手,四指并拢,拇指张开,虎口相对,双方掌心大部分接触在一起(见图 2.11)。男士与女士握手时,如果是非正式场合,一般只握四指。如果是正式场合,就没有性别之分。

与他人握手,一般应起身站立(除非是长辈或女士),坐着与人握手是失礼的。

图 2.11　握手姿势示意图

3)握手力度

用力适度,不要过度用力,以不握疼对方的手为限度。注意:非正式场合中,男子与女子握手,不能握得太紧(见图 2.12)。

图 2.12　握手力度示意图

4）握手时间

不宜过长或过短，一般控制在三秒以内，上下晃动两三次，然后松开恢复原状。

5）握手的禁忌

在行握手礼时，酒店服务人员应努力做到合乎规范，避免触犯以下禁忌：

(1) 不要用左手同他人握手。

(2) 不要交叉握手。

(3) 不要戴着手套或墨镜握手。

(4) 不要抢先伸手和女士握手。

(5) 不要握手时东张西望或面无表情。

(6) 不要握手时，一只手插在裤袋里或者拿着东西不肯放下来。

(7) 不要握手后马上擦手。

(8) 不要拒绝与别人握手。

(9) 不要贸然伸手。

(10) 酒店服务人员不要主动与客人握手。

2. 酒店管理者握手礼节

在服务场合，酒店中高层管理者不要主动伸手与客人握手，酒店管理者可点头致意或者行鞠躬礼，但是当宾客主动伸手时应热情相握。而在商务场合中，则需要握手，除了掌握上述要点外，尤其要注意握手的顺序。

在正式场合中，握手时伸手的先后顺序颇为讲究，一般讲究"尊者先伸手"，即由身份尊贵的人决定双方有无握手的必要。正确的顺序是：

(1)年长者与年轻者握手,年长者应首先伸手。

(2)长辈与晚辈握手,长辈先伸手。

(3)身份高者与身份低者握手时,身份高者先伸手。

(4)女士和男士握手时,应由女士先伸手。

(5)主人和客人握手时,无论对方是男是女,都要主人先伸手(接待来访客人时,也应由主人先伸手与客人握手;告辞时,则由客人先伸手握手)。

一般正式场合中,不讲究性别、年龄,更在意职务的高低,职务高者先伸手。值得注意的是,当握手双方符合其中两个或两个以上顺序时,一般以先职务再年龄、先年龄再性别的顺序握手。在非正式场合中,如社交休闲场合,一般是先年龄再性别,先性别再职务。例如,一位年长的职位低的女士和一位年轻的职位高的男士握手时,正式场合中,由这位男士先伸手,而非正式场合中,则由女士先伸手。在朋友、平辈人见面时,一般认为谁伸手快,谁更为有礼。但无论什么人,如果一方忽略了握手礼的先后顺序而已经伸出了手,另一方就应毫不迟疑地回握。

需要特别注意的是,一个人面对多个人,或者多个人面对一个人、多个人面对多个人的时候,握手要按照空间顺序,由近及远进行;不可交叉握手;要依次握手,不能落人。

握手事小,失礼事大,我们要传承中国传统文化,体现尊重、文明、和谐的社会氛围,要学会正确握手,给客人留下热情有礼的美好印象。以下顺口溜可以帮助你记住正确的握手礼仪:

尊者先伸手,大方对虎口。眼睛看对方,微笑加问候。力度七八分,三五秒就够。男女有区别,和谐共拥有。

坐而论道

"抛砖引玉"部分案例中,阿正哪些地方做错了?

"论道"指南:

*明确场合:是正式场合还是非正式场合。

*明确身份:是面对客人还是非客人。

*掌握握手的先后顺序:要遵循"尊者先伸手"的握手原则。

起而行之

酒店总经理林明(男)和酒店副总李玲(女)洽谈,初次见面,两人握手致意。请你扮演其中一人,可以拍一段小视频,分享给大家。

"行之"指南:

＊ 握手神态:面带微笑,目视对方双眼,寒暄致意。

＊ 握手姿势:一米距离,上身前倾,伸出右手,两手虎口相交。

＊ 握手力度:用力适度,以不握疼对方的手为限度。

＊ 握手时间:2～3秒,上下晃动2～3下。

＊ 伸手顺序:遵循"尊者先伸手"的原则,女士、职位高者先伸手。但是在职场,当握手双方符合其中两个或两个以上顺序时,一般以先职务再年龄、先年龄再性别的顺序握手。

三省吾身

请对照下表,评价各自握手礼仪的得分。

握手礼仪知识点测试

学习情况自评表

目标达成度		评价等级			
		A	B	C	D
能力目标	握手神态:面带微笑,目视对方双眼,寒暄致意				
	握手姿势:1米距离,上身前倾,伸出右手,两手虎口相交				
	握手力度:用力适度,以不握疼对方的手为限度				
	握手时间:2～3秒,上下晃动2～3下				
	伸手顺序:遵循"尊者先伸手"的原则				
素养目标	整体形象气质佳				
	学习态度端正,积极参与练习				

注:评价等级 A 为优秀、B 为良好、C 为基本掌握、D 不合格。

2.1.5 递接礼仪

教学目标

素质目标:树立正确的礼仪观,学会尊重他人,待人体贴,营造和谐友善的工作环境。

知识目标:掌握递接普通物品的要点和递接名片的次序以及方法。

能力目标:规范地、有礼貌地递接普通物品和名片。

教学重点难点

重点:递接普通物品。

难点:递接名片的次序。

抛砖引玉

实习生小师在前台为客人办理入住手续,在客人出示身份证件后单手接收,之后直接拿了一张"入住登记表"轻轻扔到了客人面前,笔尖朝向客人,单手把笔递给了客人。

通过以上情景,你认为小师在服务过程中有无不符合基本礼仪规范的地方?

立而受教

酒店员工在工作情景中经常需要给客人传递物品,管理人员在商务场合中还需要递接名片。正确的递接礼仪能够使他人感受到尊重,有助于营造和谐友善的工作氛围。因此,酒店从业人员必须要掌握恰当的递接礼仪。

迎接礼仪教学视频

1.递接普通物品

1)递送证件、账单等印有文字的物品

将印刷品正面朝上,文字朝向对方,方便对方看清文字内容,双手呈递(见图2.13)。

图2.13　递送印刷品示意图

2)递送杯具

不同种类的杯具,在递送时有不同的礼仪要求。酒店常见的有水杯、茶杯、酒水饮料等。

(1)水杯:右手持水杯中下部,左手托底,避免接触杯口。

(2)茶杯:右手持茶杯中下部,左手托底,把手冲客人右手边,双手呈递(见图2.14)。

图2.14　递送茶杯示意图

(3)酒水饮料:右手持瓶口1/3处,左手托底,商标朝向客人(见图2.15)。

图 2.15　递送饮料、酒水示意图

3)递送笔

提前摘掉笔帽,笔尖朝向自己,方便对方直接拿笔书写,更是避免划脏甚至扎到客人的手(见图2.16)。

图 2.16　递送笔示意图

4)递送尖利物品

对客服务时,在一些特殊情境中,不得不递送如剪刀、水果刀等尖利物品,递送过程中酒店服务人员须时刻将客人与自己的安全放在首位,谨遵各类物品的递送要求。

(1)当递送刀具时,若双手呈递,需刀刃朝自己,双手托刀身,刀把冲对方右手边呈递;若单手呈递,需将刀把朝向对方,刀刃朝下,手持刀背(见图2.17)。

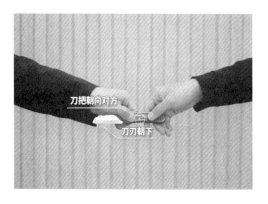

图 2.17 单手递送刀具示意图

（2）若递送剪刀，需手握尖利部分，方便对方接取，避免划伤客人（见图 2.18）。

图 2.18 递送剪刀示意图

规范地递送尖利物品，在保障客人安全的同时，更体现了对客人的关心和酒店的人性化服务。

除一线工作者在日常对客服务中常涉及普通物品的递送外，酒店中高层管理人员在会议、宴会等场合常常需要递接纸质名片，其递接方式和普通印刷品有相似之处，但也存在不同之处。其中放置位置与递送次序是递送名片的重难点。

2. 递接名片

1）名片放置位置

最好放置在名片夹中，也可放在西服内侧口袋或衬衣左侧口袋。

2）交换名片的次序

根据双方人物关系，交换名片时需要遵循以下原则，具体如表 2.2 所示。

表2.2 交换名片次序

人物关系	规范动作	
主、宾	主人主动递给客人	
长、晚辈	晚辈主动递给长辈	
上、下级	下级主动递给上级	
异性	男士主动递给女士	
团体	对方人	若职位已知,按职位由高到低递送
	数众多	若职位未知,按顺时针方向或由近到远递送

3)递送名片的方式

规范的递接方式能在细节之处体现出对他人的重视与尊重。给对方递送自己的名片时,须做到如下几点:

(1)保证名片正面朝上,文字朝向对方。

(2)双手拇指与食指分别持名片上端两角。

(3)面带微笑,目光柔和平视对方,微欠身。

(4)呈递时伴随"多多指教"、"经常联系"等寒暄语。

4)接收名片的方式

接收他人递给自己的名片时,须做到以下几点:

(1)面带微笑,同时双手拇指和食指接收对方名片。

(2)伴以"谢谢"等话语表示尊重与感谢。

(3)认真阅读名片并简要复述如姓名和职位等重要信息。

(4)郑重将名片收到合适的位置以示尊重。

(5)以正确方式回敬名片。若没有或没带,应说明并伴以例如"日后寄给您"之类的客套话。

5)注意事项

关于名片的收藏等,还有一些注意事项不可忽视:

(1)名片不应与钱包等放一起,需单独置于名片夹。

(2)呈递的名片需平整洁净,不能有皱褶涂鸦。

（3）切忌将他人名片直接塞进裤子口袋、扔在桌上甚至掉在地上。

（4）切忌把玩对方名片。

（5）移动互联网时代，必要时可以互相出示电子名片，减少接触。

3. 递接通用规范

1）双手递接

大多数情况下，尽量双手递接以示尊敬。

2）互相对视

递接时合适的目光接触能给予客人良好的沟通感受。

3）互相微笑

递接时表情自然、面带微笑，能让对方感受到被尊重，有利于营造温馨亲切的工作环境。

规范的递接礼仪能够从细节之处体现出酒店从业人员对客人的关心与重视，也能够反映出酒店员工整体的素质水平与服务水准。

 坐而论道

"抛砖引玉"部分案例中，小师哪里做错了呢？

"论道"指南：

＊明确递接基本原则。

＊熟悉普通物品递接要求。

＊基本社交规范。

 起而行之

当两人同时交换名片时，应遵循怎样的礼仪规则？拍一段小视频，分享给大家。

"行之"指南：

＊基本原则是左手为卑，留给自己；名片出示得快的、位置高的首先被接收。

＊接收时，首先将自己的名片放在左手，腾出双手的大拇指和食指，接过对方名片，迅速置于右手。

﹡再次腾出双手大拇指和食指捏住自己的名片呈递给对方。

﹡双方名片交换完成后再看对方的名片。

﹡后续可以根据名片内容找共同话题。

三省吾身

请对照下表,自评本节课的学习情况。

递接礼仪知识点测试

学习情况自评表

	目标达成度	评价等级			
		A	B	C	D
能力目标	基本原则:双手递接,互相微笑,互相对视				
	普通物品:尽量双手递接,尖利部分朝向自己,把手、文字朝向客人,保证对方和自己的安全,方便对方拿取,杯具避免接触杯口,保证卫生				
	名片放置位置:名片夹,西服内侧口袋或衬衣左侧口袋				
	名片交换次序:"尊者具有优先知情权",地位低者先将自己的名片呈递给地位高者。				
	递送名片:双手拇指与食指分别持名片上端两角;面带微笑,目光柔和平视对方,微欠身;呈递时伴随"多多指教""经常联系"等寒暄语				
	接收名片:面带微笑,同时双手拇指和食指接收对方名片;伴以"谢谢"等话语表示尊重与感谢;认真阅读名片并简要复述如姓名和职位等重要信息;郑重将名片收到合适的位置以示尊重;以正确方式回敬名片				
素质目标	团队成员参与程度高				
	主动反复训练意愿强烈				

注:评价等级 A 为优秀、B 为良好、C 为基本掌握、D 为不合格。

2.1.6 乘车礼仪

教学目标

素质目标:爱岗敬业,尊重他人,提高文明礼仪意识,展现酒店形象。

知识目标:掌握开关车门的程序,掌握不同车型的座次安排规范。

能力目标:用规范的动作开关车门,根据不同的车型安排座次。

教学重点难点

重点:三种车型的乘车座次。

难点:现实状况中特殊情况的临时应变。

抛砖引玉

新入职的门童服务员阿正在酒店门口当值,这时有一位客人要离开,他引领轿车过来,跑过去打开车门,由于操作不当,客人的头撞在了车门顶上,衣裙又被车门夹住,客人面色不悦。阿正关车门的动作是错的,那么你知道如何正确地开关车门吗?

立而受教

乘车是大众出行的主要方式,作为酒店从业人员,学会正确地帮助客人开关车门以及掌握必要的乘车礼仪,是必备的职业技能。

1. 开车门

一般开车门包含5道程序。

(1)当客人的车辆抵近时,门童在车道为司机打手势,以

乘车礼仪教学视频

便车辆停放在适当的位置(见图2.19)。

图2.19 打手势图示

(2)待车停稳后,迅速跑到开启车门的最佳位置,走路自然、沉稳,热情相迎(见图2.20)。

图2.20 开车门图示

(3)站于车的中部和后门开启的合页处,伸右手,手心向上开启车门,同时伸左手,手心向下,伸入车门上沿三分之二处,两脚稍分开站立,上体微微前倾,两眼余光注视车的上沿,为客人护顶(此处注意:泰国、印度、伊斯兰教和佛教人士不用护顶),同时轻声提醒客人小心以免碰痛头部,请客人下车(见图2.21)。

图 2.21 开车门图示

（4）向客人微笑点头致意，并亲切问候，比如"先生/女士，您好，欢迎光临 XX 酒店"。

（5）站在后门为客人服务，遇车上装有行李，立即招呼行李员为客人搬卸并予以协助，及时为进入饭店大厅的宾客拉开玻璃门（见图 2.22）。

图 2.22 开后备厢图示

2. 关车门

（1）客人离店应该主动问候，把车引导到客人易上车的地方。

（2）待车停稳后，以立正姿势站于车的中部和后门开启的合页处，伸右手，手心向上开启车门，同时伸左手，手心向下，伸入车门上沿三分之二处，为客人护顶请客人上车(见图2.23)。

图2.23 开车门图示

(3)待客人上车坐稳后,向客人告别:"先生/女士,祝您一路顺风!""期待您的再次光临。"待客人坐好,确认车门不会夹住手脚、衣裙时,关上车门,用力适度(见图2.24)。

图2.24 关车门图示

(4)车辆即将启动,站在汽车斜前方1米远的位置,上身前倾15度,微笑注视客人,挥手示意并礼貌道别,目送客人离去后返回岗位(见图2.25)。

图 2.25　送客图示

3. 乘车位次礼仪

在酒店服务工作中,除了掌握开关车门的礼仪,酒店从业人员还应该掌握基本的乘车座次礼仪,这样在安排客人座次的时候才不会出错。正确地安排乘车座次,要重点关注两个因素:一是座位数量,也就是车型;二是驾驶人员的身份。

1)双排五人座

(1)当主人驾车时,座位自高至低的排列顺序是:前排右座、后排右座、后排左座、后排中座。即最尊贵的 1 号位就是副驾驶,之后才是后排,顺序依次是后排的右侧、左侧、中间(见图 2.26 左图)。

(2)当专职司机驾车时,座位自高至低的排列顺序是:后排右座、后排左座、后排中座、前排右座。即最尊贵的 1 号位位置应该在司机的对角线位置,2 号位也就是司机后侧位置,3 号位置是后排中间位置,4 号位置是副驾驶的位置(见图 2.26 右图)。

五座车如遇到四人时,通常后排中间不坐人。

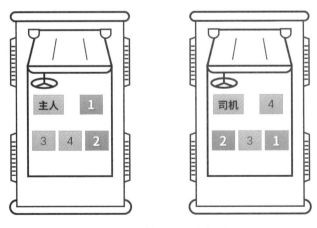

图 2.26　双排五人座座次图示

2)三排七座

(1)当主人驾车时,座位自高至低的排列顺序是:前排右座、后排右座、后排左座、后排中座、中排右座、中排左座。最尊贵的1号位置是副驾驶的位置,后排右座为2号位、后排左座为3号位,之后是后排中座、中排右座,中排左座是6号座(见图2.27左图)。

(2)当专职司机驾车时,座位自高至低的排列顺序是:后排右座、后排左座、后排中座、中排右座、中排左座、前排右座。后排右侧为最尊贵的1号座,后排左座为2号座、后排中座为3号座,之后是中排右座、中排左座、最后是前排右座也就是副驾驶(见图2.27右图)。

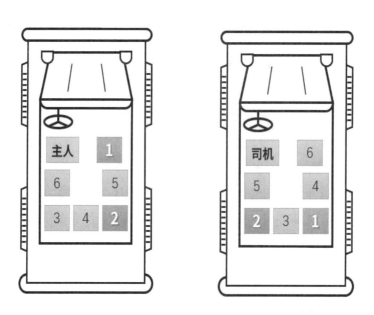

图2.27 三排七人座座次图示

3)多排座

多排座轿车是指四排及四排以上的轿车。在进行多排座轿车座位排列时,遵守由前至后、由右至左的规则排列,由于最后一排和小车不同,通常是单独分开的多个座位,舒适度相同,所以直接由右往左依次乘坐即可(见图2.28)。

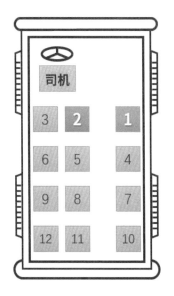

图 2.28　多排座座次图示

4)吉普车

乘坐吉普车时,无论开车的人是主人还是专职司机,前排右座(也就是副驾驶座)总是最尊贵的位置。在吉普车上,前排座位优于后排,后排左座最次(见图 2.29)。

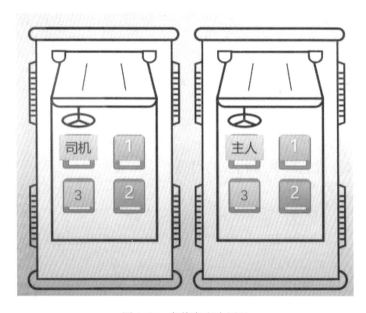

图 2.29　吉普车座次图示

坐而论道

"抛砖引玉"部分案例中,阿正关车门的动作是错的,那么正确的关车门的步骤是怎样的呢?

"论道"指南:

＊要明确门童的工作职责。

＊要掌握关车门的五道程序。

＊严谨认真的工作态度是职业精神的表现。

 起而行之

如果张总开车,你与张总的太太一同坐车,应如何乘坐?如果张太太中途下车,你应如何落座?三个同学为一组,进行模拟实训。拍一段小视频,分享给大家。

"行之"指南:

＊双排五人座时,当主人驾车时,最尊贵的1号位在副驾驶位置,后排位置次之。

＊双排五人座时,当专职司机驾车时,座位自高至低的排列顺序是:后排右座、后排左座、后排中座、前排右座。

 **三省吾身**

请对照下表,评价各组乘车礼仪的得分。

乘车礼仪知识点测试

学习情况自评表

目标达成度			评价等级			
			A	B	C	D
能力目标		开车门:打手势停车,伸右手,手心向上开启车门,同时伸左手,为客人护顶。微笑点头致意,并亲切问候,为客人开门				
		关车门:开车门,伸右手,手心向上开启车门,同时伸左手,为客人护顶。关车门适度,微笑目送客人离去				
		双排五人座:当主人驾车时,座位自高至低的排列顺序是前排右座、后排右座、后排左座、后排中座; 当专职司机驾车时,座位自高至低的排列顺序是后排右座、后排左座、后排中座、前排右座				
		三排七人座:当主人驾车时,座位自高至低的排列顺序是前排右座、后排右座、后排左座、后排中座、中排右座、中排左座; 当专职司机驾车时,座位自高至低的排列顺序是后排右座、后排左座、后排中座、中排右座、中排左座、前排右座				
		多排座:座次由高至低顺序是由前至后,由右至左				
		吉普车:前排座位优于后排,后排左座最次				
素养目标		小组同学配合默契				
		态度认真,课堂参与度高				

注:评价等级 A 为优秀、B 为良好、C 为基本掌握、D 为不合格。

2.1.7 手势礼仪

教学目标

素质目标:提升气质形象,提高动作协调感和美感,塑造良好的形象。

知识目标:掌握正确的手势礼仪要领和禁忌。

能力目标:使用正确的手势礼仪,根据不同的酒店服务场合合理运用手势礼仪。

教学重点难点

重点:多种手势的动作规范。

难点:在不同场合运用正确的手势。

抛砖引玉

酒店礼宾部员工阿正在当值期间,接到 VIP 顾客张先生一家人入住酒店,阿正负责全程接待工作。

大家讨论一下阿正该如何来完成这次接待工作呢? 尤其是该如何正确运用手势呢?

立而受教

在酒店服务中,手势礼仪是最有表现力的一种"体态语言"。俗话说:"心有所思,手有所指",手势作为体态语言的重要组成部分,应用非常广泛。运用手势自然、大方、得体,可以体现职业修养和礼仪水平,提升酒店服务品质、塑造酒店形象。

1. 手势礼仪动作要领

酒店服务过程中,在指引时手臂应自然伸出,五指并拢,掌心向上,手掌和水平面呈 45 度角,指尖朝向所要指引的方向。以肘部为轴伸出手臂,在指示道路方向时,手肘的高度大约与腰同高,指示方向或物品的时候,手的高度根据不同方向不同物品来定,可成高中低变化手势。手势指引的同时,要目视来宾,表情自然,面带微笑,女士通常在小丁字站姿的同时做手势指引,男士通常在正步位站姿的同时做手势指引(见图 2.30)。

手势礼仪教学视频

图 2.30 手型要求示意图

2. 酒店服务常用手势

1)"横摆式"手势

开始做手势应从腹部之前抬起,以肘为轴轻缓地向一旁摆出,到腰部并与身体正面成 45 度时停止。头部和上身略向手伸出的一侧倾斜。女士一手下垂或放在小腹前,男士一手下垂或背于身后(见图 2.31)。

手势礼仪用语:"请进。"

"横摆式"手势通常用于酒店各部门的出口或入口。

图 2.31　横摆式要求示意图

2)"曲臂式"手势

"曲臂式"手势从身体的侧前方,由下向上抬起,上臂抬至离开身体 45 度的高度,然后以肘关节为轴,手臂由体侧向体前另一侧摆动成曲臂状,请来宾进去(见图 2.32)。

手势礼仪用语:"里边请。"

"曲臂式"手势通常用于一手拿着物品,或推扶房门、电梯门,而又需引领来宾时。

图 2.32　曲臂式要求示意图

3)"斜摆式"手势

一只手曲臂由前抬起,以肘关节为轴,前臂由上向下摆动,使手臂向下成一斜线(见图2.33)。

手势礼仪用语:"请坐。"

"斜摆式"手势多用于餐厅、会议厅和宾客入坐时。

图2.33 斜摆式要求示意图

4)"直臂式"手势

五指伸直并拢,手臂的高度与肩同高,肘关节伸直,在指引方向时,身体要侧向来宾,眼睛要兼顾所指方向和来宾(见图2.34)。

手势礼仪用语:"请往前走。"

"直臂式"手势通常用于距离较远的方向。

图2.34 直臂式要求示意图

5)"挥手式"手势

身体站直,目视对方,大臂与身体侧面成45度,掌心向前,左右轻轻挥动(见图2.35)。

手势礼仪用语:"再见。"

"挥手式"手势通常用于跟客人告别时。

图2.35 挥手式要求示意图

3. 手势礼仪姿态禁忌

(1)在介绍或为他人指路时不可用手指指指点点,而应使用手掌,五指并拢,掌心向上(见图2.36上左)。

(2)在与人交流中手势不可过多,幅度不宜过大,更不要手舞足蹈,手势要控制在一定的范围内(见图2.36上右)。

(3)切忌在公共场合挠头皮、抓耳挠腮、咬指甲、用手指在桌上乱写乱画(见图2.36下左、下右)。

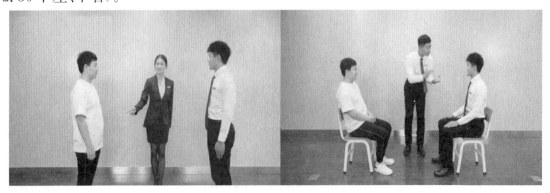

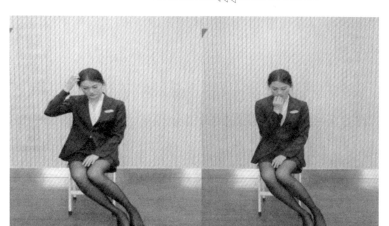

图 2.36 姿态禁忌要求示意图

 坐而论道

VIP 顾客张先生预定酒店客房,客房部指定你负责全程接待工作,你该如何去做呢?

"论道"指南:

＊遇到客人进门应使用的手势。

＊请客人入座时应使用斜摆式手势。

＊为客人指引距离较远的地方应该使用的手势。

 起而行之

以上知识掌握后两人一组,分酒店工作人员和酒店顾客两种角色,自选场景,进行工作情境模拟,并拍摄一段小视频,分享给大家。

"行之"指南:

＊ 手势神态:指引时要目视来宾,表情自然面带微笑。

＊ 手势手型:五指并拢,掌心向上,手掌和水平面呈45度角。

＊ 手势手位:指示方向或物品,可成高中低变化手势。

＊ 手势脚位:女士通常小丁字位,男士通常正步位。

＊ 手势类型:横摆式、曲臂式、斜摆式、直臂式、挥手式。

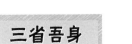 三省吾身

手势礼仪知识点测试

对照下表,评价各组同学手势礼仪的得分。

学习情况自评表

目标达成度		评价等级			
		A	B	C	D
能力目标	手势神态:指引时要目视来宾,表情自然,面带微笑				
	手势手型:五指并拢,掌心向上,手掌和水平面呈45度角				
	手势手位:指示方向或物品,可成高中低变化手势				
	手势脚位:女士通常小丁字位,男士通常正步位				
	手势类型:横摆式、曲臂式、斜摆式、直臂式、挥手式				
素养目标	举止适当,形象良好				
	学习态度积极,课余参与练习				

注:评价等级 A 为优秀、B 为良好、C 为基本掌握、D 为不合格。

2.2　最美客房人

2.2.1　电梯礼仪

教学目标

素质目标：具备良好的礼仪修养；树立以礼待人、尊重他人的价值观。

知识目标：了解基本的电梯礼仪。

能力目标：提高礼仪运用能力，能运用所学知识进行接待和服务。

教学重点难点

重点：根据客人的人数，运用不同的搭乘电梯礼仪。

难点：接待特殊客人的电梯礼仪。

抛砖引玉

实习生小师要在大厅迎接客人张太太。这是小师第一次接待顾客，表现得极为热情，一见面就嘘寒问暖。进入电梯时，小师抢先踏入，紧靠着最里面站好，想把更多的空间留给顾客。请思考，小师在服务时有什么不对的地方吗？

立而受教

电梯已成为人们日常生活中不可或缺的设施，也成为现代都市文明的一面观察镜。在酒店服务中我们经常会使用电梯，在接待客人乘坐电梯时，让客人感到既安全又得体，就会

电梯礼仪教学视频

给客人留下美好的印象。

1. 基本的电梯礼仪

先出后进、礼让尊者。

先出后进,有序乘坐电梯是电梯礼仪的基本要求,这样既不会造成拥挤,还可以节省时间。一同乘坐电梯时,酒店从业人员应礼让尊者,让长辈、女士、病残孕者先出入。尊老爱幼、礼让谦逊是中华民族的传统美德,我们应该内化于心、外化于行,在细节中彰显素养。

2. 引领客人时的电梯礼仪

1) 客人为 1~2 人

(1)电梯到时,应一手先按住电梯上(下)键或挡住电梯门,一手请客人(领导)进入电梯,自己随后进入电梯。

(2)在电梯内,尽量侧身面对客人,以免造成面对面的尴尬。

(3)在电梯内应视情况为客人介绍酒店各楼层的营业场所和主要特色。

(4)电梯到达目的层后,一手按住电梯开门按钮或挡住电梯门,一手请客人(领导)出电梯。

(5)客人走出电梯后,自己快步出电梯,并迅速走到客人前面,热情指引行进方向。

2) 客人为 3~8 人

(1)电梯到来时,应先进入电梯,一手按住电梯开门按钮或挡住电梯门,一手请客人(领导)进入电梯。

(2)出电梯礼仪与客人为 1~2 人时的出电梯礼仪一致。

3) 客人为 8 人以上团队

(1)电梯到来时,如果因人数较多,一梯无法容纳,应一手先按住电梯上(下)键或挡住电梯门,一手请团队中尊者进入电梯先行;自己请团队中的其余客人乘坐另一梯。

(2)如若自己与团队中的其余客人乘坐另一梯未到达时,应安慰客人,与客人说“抱歉,电梯马上到来,请您稍等一会”。

(3)电梯到来后,先进入电梯,一手按住开门按钮或挡住电梯门,另一只手示意,请客人进入(见图 2.37)。

(4)出电梯礼仪与客人为 1~2 人时的出电梯礼仪一致。

图 2.37　出电梯礼仪示意图

4)携带行李的客人

(1)客人携带多件行李时,行李员应立刻推出行李车,主动帮助客人点清行李件数,将行李送至房间。

(2)客人携带单件行李时,应主动帮助客人提拿行李,并热情引导客人乘坐电梯。

(3)进出电梯礼仪与客人为 1～2 人时的出电梯礼仪一致。

3. 接待特殊客人时的电梯礼仪

1)轮椅客人

(1)如遇到轮椅客人应立即上前帮助,进出电梯时需缓慢。

(2)电梯到来时,应先进入电梯,一手按住电梯开门按钮,一手挡住电梯门,请轮椅客人进入电梯。

(3)进入电梯后,轮椅客人应背向电梯门,提醒客人及时拉紧刹车闸。

(4)电梯到达目的楼层后,根据实际情况帮助轮椅客人出电梯。

2)盲人客人

(1)如遇到盲人客人,应积极帮助、引领盲人客人乘坐电梯。

(2)乘坐电梯时,应先一步上下电梯,然后回身照应盲人客人。

(3)引领过程中,应不断通过声音提示和放缓脚步的方式,及时提醒盲人客人前面的路况。

3)未报备的旅行团

(1)如遇未报备旅行团到达,与旅行团负责人沟通后,立刻请行李员推出行李车,主动帮助客人点清行李件数,告知行李员房间号,将行李送至房间。

(2)电梯前等待的人数较多时,不要挤在一起或挡住电梯门口,以免妨碍电梯内的客人出来,可提醒旅行团客人排队站好。电梯门打开后,等里面的客人出来之后再进去。

(3)因旅行团人数较多,一梯不够乘坐,应一手先按住电梯上(下)键,一手请团队中尊者进入电梯先行;自己请团队中的其余客人乘坐另一梯。

(4)自己与团队中的其余客人乘坐另一梯未到达时,应安慰客人,与客人说"抱歉,电梯马上到来,请您稍等一会"。

(5)电梯到来后,先进入电梯,一手按住开门按钮,另一只手示意,请客人进入。

(6)在电梯内,尽量侧身面对客人,以免造成面对面的尴尬。

(7)电梯到达目的层后,一手按住电梯开门按钮,一手请客人(领导)出电梯。

(8)客人走出电梯后,自己快步出电梯,并热情地指引行进方向。

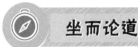

"抛砖引玉"部分案例中,小师在服务时有什么不对的地方吗?

"论道"指南:

＊电梯礼仪应遵循先出后进、礼让尊者的基本原则。

＊酒店服务人员应熟记乘梯客人为1～2人与乘梯客人为3～8人时引导细节的异同。

＊注意与客人共同乘梯时自己与客人的站位和谈话内容。

如果遇到了以下情况,你会怎么处理呢? 拍一段小视频,分享给大家。

(1)遇到轮椅客人,你应该怎么做?

(2)遇到未报备旅行团到达,乘坐电梯你应该怎么办?

"行之"指南:

＊先出后进。

＊礼让尊者。

＊客人为1～2人时,进入电梯时,客人先进入;离开电梯时,客人先走出。

＊客人为3～8人时,进入电梯时,自己先进入;离开电梯时,客人先走出。

三省吾身

请对照下表,自评本节课的学习情况。

电梯礼仪知识点测试

学习情况自评表

目标达成度		评价等级			
		A	B	C	D
能力目标	先出后进				
	礼让尊者				
	客人为1~2人时,进入电梯时,客人先进入;离开电梯时,客人先走出				
	客人为3~8人时,进入电梯时,自己先进入;离开电梯时,客人先走出				
素养目标	积极参与练习				
	能够将"以礼待人"内化于心,外化于行				

注:评价等级A为优秀、B为良好、C为基本掌握、D为不合格。

111

2.2.2 进房礼仪

教学目标

素质目标:学会尊重客人、以礼待人,提高服务意识。

知识目标:了解酒店敲门进房一般程序要求和注意事项。

能力目标:在服务场合中展现良好的礼仪,运用所学知识完成酒店进房对客服务。

教学重点难点

重点:掌握敲门进房的流程以及注意事项。

难点:实际工作中特殊情况的临时应变和正确的语言表达。

抛砖引玉

实习生小师在客房实习期间,有一次被安排给住店客人送水果。她手托着果盘,来到了602门前。她站在门把手一侧,用右手食指第二指关节轻敲门三下,并用适当的声音说道:"你好,服务员。"稍等几秒钟后,没有得到回复。小师判定房间没有人,就拿出房卡直接打开了房门。此时,客房经理恰巧经过,目睹了这一过程,无奈地摇了摇头,让小师送好水果后到办公室一趟,小师非常尴尬地答应了。

想一想,小师在敲门进房时有什么地方做的不对吗? 为什么客房经理会摇头?

立而受教

1. 有"礼"进入客房

客人入住之后,客房就是一个临时的私密空间,酒店工作人员要尊重客人隐私,不要随意进出客房。当需要进入客房工作时,要注意既能完成工作又不打扰客人。因此,礼仪至关重要,恰当地进出客房是酒店从业人员必须掌握的服务标准和工作技能。

进房礼仪教学视频

2. 进房礼仪

1)站立

(1)端正站立,距离房门约30厘米处。

(2)抬头,面对门镜微笑。

2)敲门

(1)食指或中指的第二指关节敲门三下,敲门声节奏均匀、音量适中,并用适当的声音说:"你好,服务员。"或者说:"Housekeeping。"

(2)静立等候,约5秒钟。

(3)如客人没有反应,重复敲门1~2次,但共计不超过3次。

(4)房门挂有"请勿打扰"牌或亮有"请勿打扰"灯时,做好记录;如该房在14:30还有"请勿打扰"提示,告知领班,不可随意敲门(见图2.38)。

图2.38 敲门要求示意图

3)等待回应

(1)面带微笑,眼望门镜,同时从门镜留意是否有人影活动。

（2）注意听客房里是否有动静。

4）开门

（1）按住门锁手柄,慢慢推开门,留意防盗链。

（2）第三次敲门后,如房间内无人应答,开启房门成 30 度角时,再次用食指第二关节轻敲房门一次,并报"您好,服务员",确定无人后,方可进入（见图 2.39）。

图 2.39　开门要求示意图

5）退出房间

（1）客人在房间时,客房服务员后退一步,轻轻转身离开。

（2）关门时按住门柄,轻轻关上（见图 2.40）。

图 2.40　关门要求示意图

3. 注意事项

尊重客人隐私是酒店从业人员必须要遵守的职业道德。客人已经入住的客房是一个私密场所,进入前一定要征得客人的同意,与客人交流要文明礼貌。进入房间时,如果发生意外情况,根据以上原则,可以参照应对如下:

（1）发觉客人熟睡或在浴室中,应轻声关房门离去。

（2）发觉客人刚睡醒，未更换衣服，应说"先生/女士，对不起"，然后关门离去。

（3）发现客人在房间，则应征求客人意见："先生/女士，对不起，请问现在可以清洁房间吗？"

（4）门上若显示"请勿打扰"标志，则暂时不要进入房间，稍后再处理有关工作。

 坐而论道

"抛砖引玉"部分案例中，小师哪里做得不对呢？

"论道"指南：

＊进房要遵守的操作规范和礼仪要求。

＊站立、敲门、等待回应、开门和退出房间五个步骤的具体要求。

 起而行之

作为客房部工作人员，如果遇到了以下情况：①敲了三次房门仍没有回应；②房间显示"请勿打扰"，你会怎么处理呢？拍一段小视频，分享给大家。

"行之"指南：

＊站立距离房门约 30 厘米处，面带微笑；

＊敲门三下，总计不超过三次；

＊面带微笑，眼望门镜；

＊按住手柄，慢慢推开；

＊后退一步，轻轻转身离开，按住门柄，轻轻关上。

 三省吾身

请对照下表，自评本节课的学习情况。

进房礼仪知识点测试

学习情况自评表

目标达成度		评价等级			
		A	B	C	D
能力目标	站立姿势:距离房门约30厘米,微笑				
	敲门要求:敲门三下,等候约5秒钟,总计不超过三次				
	等待回应:面带微笑,眼望门镜				
	开门要求:按住手柄,慢慢推开				
	退出要求:后退一步,轻轻转身离开,按住门柄,轻轻关上				
素养目标	小组成员参与度高				
	以礼待人,尊重客人,体现良好的服务意识				

注:评价等级 A 为优秀、B 为良好、C 为基本掌握、D 为不合格。

2.3　最美餐饮人

2.3.1　引领礼仪

教学目标

素质目标:培养良好的礼仪意识,注重以礼待人。
知识目标:掌握引领礼仪服务要领。
能力目标:运用所学引领礼仪知识进行岗位服务。

教学重点难点

重点:引领礼仪服务的要点和礼仪动作要领。
难点:正确运用不同岗位的引领礼仪进行服务。

抛砖引玉

酒店分别安排实习生阿正到前厅部、实习生小师到餐厅部、实习生范范到客房部实习,由他们来负责各部门的引领工作。

大家思考一下,这几个部门的引领工作有什么区别呢? 各位同学能领"对"吗?

立而受教

1. 引领礼仪要点

引领客人时要处处体现客人优先,要用手势引领客人在前,面部表情微笑自然,对客人说话语气轻柔得体,以示对客人的尊重。

引领礼仪教学视频

2.引领礼仪动作要领

引领客人时,手臂从体前向一旁横摆到与腰同高,手型为五指自然并拢,手掌向上,掌心与地面成45度角,通常一手抬起,另一手手臂自然垂在身体一侧或背于身后,或掌心对内放于腹部,眼睛看向距离客人1米左右的方向,一般在走出四步之后,手臂自然放下,眼睛转向手指的方向引领客人向前移动(见图2.41)。

图2.41 引领手势示意图

3.酒店各部门引领礼仪

1)前厅部引领礼仪

(1)站姿标准,立在酒店入口一侧,五指并拢,掌心向上,手掌与地面呈45度,手臂从身体一侧抬起。

(2)与客人距离约1米时,面带微笑,使用规范服务用语:"先生/女士您好,欢迎光临。"行15度鞠躬礼,说话语气轻柔得体,以示尊重。

(3)使用规范服务用语"这边请"的同时,使用横摆式手势礼仪,以肘为轴轻缓地向侧旁摆出,头部和上身略向手伸出的一侧倾斜。女士一手下垂或放置小腹前,男士一手下垂或背于身后。

(4)走在客人侧前方1米的位置,行走过程中眼神在宾客与行走方向之间自然切换,引领客人至前台(见图2.42)。

图2.42 引领前厅部示意图

2)餐厅部引领礼仪

(1)按照酒店要求着装,仪态端庄,餐厅部服务员站立于餐厅正门一侧,做好迎宾准备。

(2)见客人前来,应面带微笑,主动招呼:"您好,欢迎光临。"

(3)问清客人人数,是否有预定,是否是团体客人,然后后退半步,使用标准用语"请跟我来",使用横摆式手势。

(4)走在距客人侧前方1米的位置,按客人步履的快慢行走。如距离较远或客人数量较多,应适当回头;如遇拐弯时,要先放慢步伐或停下来,回头打出手势说"请这边走",走到有阶梯或有门槛的地方,要提醒客人"请脚下留神"。

(5)如果餐位已满,应礼貌告诉客人需要等位,引领客人至候餐处等候。

(6)客人就餐结束,将客人送至大堂或电梯口,应面带微笑欢送:"再见,期待您再次光临"(见图2.43)。

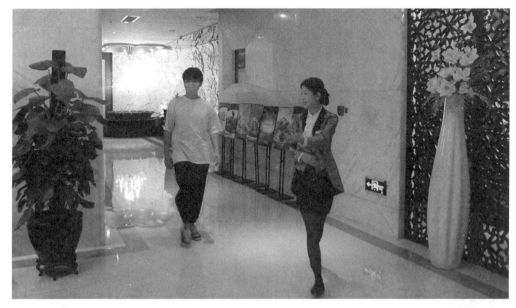

图 2.43　引领餐厅部示意图

3) **客房部引领礼仪**

(1)接受任务:前台接待员通知客人的房号和姓名,拿到房卡后带客人去房间,称呼客人的姓名:"李先生/刘女士,我带您去房间,这边请。"这时应使用横摆式手势。

(2)引领过程:走在客人的侧前方约 1 米的位置,途中向客人介绍酒店内的设施和服务,如遇上下楼:上楼时,停下来请客人先上楼后,从客人身旁绕过去,仍在前面引路。但有时男士在引领女士时,自己要先上,以免女士走在高处使裙内露出不雅引起尴尬。下楼时,自己先下,以增加客人安全感。对于行动不便者,客房部服务员应伸出手臂扶助。

(3)到达客房:到达房间门口处,应请客人稍等,向客人解释如何使用房卡,打开房门后退一步,打手势请客人先进房间,征求客人意见,是否需要向客人展示如何使用房间设施等。

(4)离开房间前,与客人确认是否需要其他帮助,若无,则祝客人入住愉快,轻关房门,离开房间(见图 2.44)。

图 2.44　引领客房部示意图

4. 引领礼仪服务用语

引领客人时,应该对客人说"您好先生/女士","您好,这边请","请跟我来","里边请","请上楼","请慢走,期待您下次光临"。

5. 引领礼仪服务禁忌

(1)指引方向时不可用手指指方向,俗称"一指禅",是不礼貌的行为(见图 2.45 左图)。

(2)引领的时候不可以用头部或下巴进行提示(见图 2.45 右图)。

(3)引领时不可以左顾右盼。

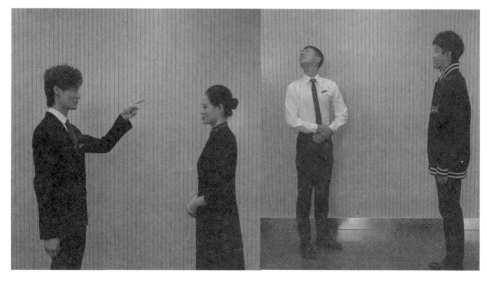

图 2.45　引领禁忌示意图

6. 特情处置

(1)引领熟悉的客人,可与客人保持大致平行,以表亲切(见图 2.46 左图)。

(2)引领残障人士的客人,可征得客人的同意后提供相应的帮助。

(3)引领的客人中有年龄较小的儿童,可蹲下或弯腰与小客人沟通交流(见图 2.46 右图)。

相熟的客人　　　　　　　　　蹲下或弯腰

图 2.46 引领特情示意图

坐而论道

请大家思考一下,这几个部门的引领工作有什么区别呢? 各位同学能领"对"吗?

"论道"指南:

＊不同岗位的服务引领手势。

＊不同岗位的服务流程。

＊要正确运用服务语言。

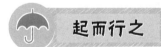
起而行之

掌握以上知识后两人一组,分角色酒店工作人员和酒店顾客两种角色自选部门,进行工作情境模拟,并拍摄一段小视频,分享给大家。

"行之"指南:

＊ 引领神态:表情自然面带微笑,语气轻柔得体。

＊ 引领原则:处处体现客人优先,引领客人在前。

* 引领位置:距客人侧前方1米的距离。

* 引领禁忌:不能用手指、下巴指示,不可以左顾右盼。

* 引领场合:前厅部、餐厅部、客房部。

 三省吾身

引领礼仪知识点测试

请对照下表,评价各组同学引领礼仪的得分。

学习情况自评表

目标达成度		评价等级			
		A	B	C	D
能力 目标	引领神态:表情自然面带微笑,语气轻柔得体				
	引领原则:处处体现客人优先,引领客人在前				
	引领位置:距客人侧前方1米的距离				
	引领禁忌:不能用手指、下巴指示,不可以左顾右盼				
	引领场合:前厅部、餐厅部、客房部				
素养 目标	气质佳,举止适当				
	学习态度积极,课余参与练习				

注:评价等级 A 为优秀、B 为良好、C 为基本掌握、D 为不合格。

2.3.2　中餐之座次礼仪

教学目标

素质目标：树立正确的礼仪观；增强学生审美意识和审美能力。

知识目标：掌握座次安排的要领和原则。

能力目标：用正确的要领和原则进行单主人、双主人座次安排。

教学重点难点

重点：单、双主人座次安排。

难点：特殊场景下的座次安排。

抛砖引玉

一次晚宴的尴尬

公司职员阿正升职宴请部门领导和员工。

阿正：欢迎大家参加今天的晚宴。

客人：谢谢你的宴请，我们坐到哪里呢？

阿正：随便坐，随便坐，都是好朋友。

于是大家就随便找位置坐了下来。不多时单位的领导王总推门进来了，欢声笑语戛然而止。这时大家才发现，剩下的两个座位都位于包房靠近门口的位置，大家都十分尴尬。

阿正：王总好，您坐。

王总：（四顾看了下）我坐哪里？

阿正：……

想一想：阿正本次宴请中的座次安排出现了哪些问题？他应该如何正确安排座次？

立而受教

小餐桌上有大学问,座次体现了酒席文化、餐桌礼节,那么我们怎么安排中餐座次呢?

1. 主人位的确定原则

(1)面门为上:正对门口的位置为最上位置。

(2)中座为尊:中心的位置为最尊贵位置。

(3)观景为佳:欣赏酒店景致最好的位置为最佳位置。

(4)临墙为好:紧靠背景墙的位置为最好位置。

2. 其他位的安排原则

(1)以近主人为上:离主人距离越近,位次越高。

(2)以右为上:离主人距离相等时,右侧位次高于左侧。

中餐座次礼仪教学视频

3. 常见座次的安排

1)单主人座次安排

每张餐桌上只有一个主人,主位确定后,主宾在其右手就座,形成一个谈话中心(见图2.47)。

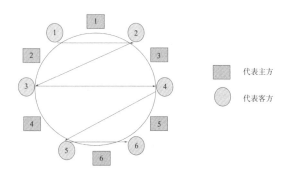

图2.47 单主人座次安排示意图

2)异性双主人座次安排

当主人夫妇就座于同一桌,以男主人为第一主人,女主人为第二主人,主宾和主宾夫人分别坐在男女主人右侧,桌上形成两个谈话中心(见图2.48)。

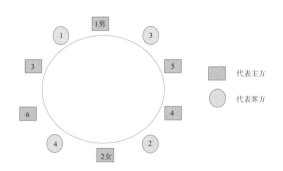

图 2.48　异性双主人座次安排示意图

3)同性双主人座次安排

当同性双主人就座于同一桌,桌上形成两个谈话中心,第一主宾和第二主宾分别在第一主人两侧,第三主宾和第四主宾分别在第二主人两侧,其他宾客依次排列(见图 2.49)。

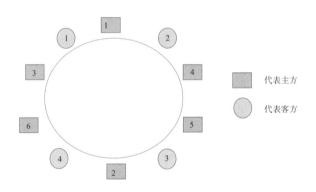

图 2.49　同性双主人座次安排示意图

4. 特殊情况下的座次安排

如果遇到主宾身份高于主人时,为表示尊重,可安排主宾在主人位次上就座,而主人则坐在主宾位上;或出席人员辈分、年龄、职位高于主人者,亦可安排其在主人位就座,主人坐在身份高者的右侧(见图 2.50)。

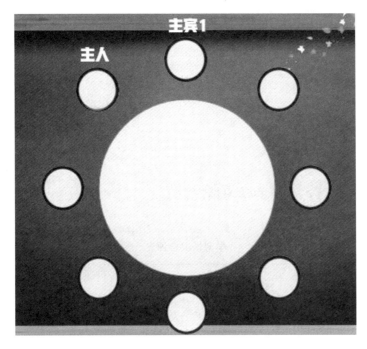

图 2.50　特殊情况下座次安排示意图

 坐而论道

"抛砖引玉"部分案例中,阿正哪些地方做错了?

"论道"指南:

* 在座次安排时,应先确定主人和主宾身份。

* 先安排主人的座位,再安排主宾座位。

* 按照座次排位顺序和高低等次依次安排其他宾客。

起而行之

如果遇到了以下情况,作为餐厅工作人员,你会怎么处理呢? 拍一段小视频,分享给大家,讨论一下谁的应对方式更恰当。

(1)如果开餐时发现座次安排错了,临时怎么纠正?

(2)如果主宾中途离席,你应如何再做调整?

"行之"指南:

* 如果开餐时候发现座次安排错了,服务员应表示歉意,并主动将主宾引至正确餐位,并将客人餐具进行调整。

※主宾中途如果临时离席，可不做调整；如果中途离席不再回来，应询问第二主宾，待同意后将其引至主宾位子。

三省吾身

中餐座次知识点测试

请对照下表，自评本节课的学习情况。

学习情况自评表

目标达成度		评价等级			
		A	B	C	D
能力目标	座次安排：面对正门的位子为最上位置，同一张桌上位次的尊卑，根据距离主人的远近而定，以近为上，以远为下；同一张桌上距主人相同的次位，排列顺序讲究以右为尊，以左为卑				
	每张桌上一个主位的排列方法：每张餐桌上只有一个主人，主宾在其右手就座，形成一个谈话中心				
	每张餐桌上有两个主人的排列方法：如主人夫妇就座于同一桌，以男主人为第一主人，女主人为第二主人，主宾和主宾夫人分别坐在男女主人右侧，桌上形成两个谈话中心				
	主宾身份高于主人时的特殊座次安排：为表示尊重，可安排主宾在主人位子上就座，而主人则坐在主宾位置上，第二主人坐在主宾左侧				
素养目标	工作精神饱满，服务热情周到				
	工作规范，精益求精				

注：评价等级 A 为优秀、B 为良好、C 为基本掌握、D 为不合格。

2.3.3 中餐之餐食服务

教学目标

素质目标:培养学生正确的礼仪价值观;增强学生的审美意识和审美能力。

知识目标:掌握席间服务的程序;掌握上菜的要求及要领;掌握送客服务的主要事项。

能力目标:按照要求上菜;按照要求引领入座;按照要求拉椅送客。

教学重点难点

重点:席间上菜的服务和技能

难点:席间上菜的注意事项和突发事件处理

抛砖引玉

意外的惊喜

张先生过些天要宴请公司重要客户,想提前在饭店试菜并暗中观察酒店服务,于是只点了很简单的饭菜,还在席间提出各种刁钻的问题,不断刁难服务员阿正,但阿正自始至终都对客人进行专业、细致周到的服务,用餐结束还不忘把张先生送至电梯。过了两天,餐厅接到张先生的电话,对阿正的服务提出表扬,并点名两天之后的重要接待还要阿正来提供。

想一想:餐食服务中有哪些礼仪要求和注意事项?

 立而受教

1. 礼貌迎宾

客人进入包间后,服务员应向客人表示欢迎并进行拉椅服务。

中餐餐食服务礼仪教学视频

1)迎接客人及问好

(1)按规定着装,仪容端庄。

(2)表示欢迎的同时核对就餐人数。

(3)面带微笑,施点头礼表示欢迎,服务用语为:"您好,欢迎光临,请问您几位?"

2)引领入座

(1)走在客人前方,按客人步履快慢行走,如路线较长或客人较多时应适时回头,向客人示意,以免走散。

(2)指引方向时必须四指并拢,掌心向上。

(3)拉椅让座服务及要领:站在客人正后方,左脚在后右脚在前,将座椅拉出三分之一,待客人站好后用膝盖顶椅背并双手轻推入位(见图2.51)。

图2.51 拉椅入座示意图

(4)轻拉座椅,面部表情微笑自然,对客人说话语气轻柔得体,以示尊重,对客人说:"您好先生/女士!""您好,请入座!""您好,请问坐这里可以吗?"请客人确认,直至客人点头认可。

2. 席间服务

席间服务是餐饮服务最重要的组成部分,不仅要求服务人员具有精湛的服务技能,而且对于服务人员的仪容仪表也有严格规定。餐厅席间服务主要包括帮助宾客点选菜品、上菜、派菜、酒水服务等。在完成以上服务内容的过程中,服务人员要做到热情周到、细致入微、察言观色,为宾客提供标准化服务。

1)点菜服务

(1)服务流程:询问——介绍菜品——复述。

(2)服务用语及操作如下:

①面带微笑,语气温和:"您好,请问现在点菜吗?"

②双手正面将菜单递给宾客,站在宾客左侧提供服务。

③介绍特色菜、特价菜等,必要时根据宾客人数对菜品数量提出合理化建议。

④服务语言:"以上是您点的菜品,请问还有其他需要吗?"

2)上菜服务

菜肴上桌时,服务员应报出菜名并介绍菜肴的特点,请客人慢用。如果上的是特殊菜肴,服务员还要为客人介绍其吃法。上菜时一定要轻放,严禁将菜盘从客人头上越过,同时避免将汤汁洒落到客人身上。

(1)服务流程:上菜——报菜名——介绍菜品

(2)服务礼仪及操作技能如下:

①上菜时要报菜名,特色菜肴需做简单介绍。每上一道菜后退一步站好,然后向客人介绍菜名及其风味特点。

②上菜时应说"打扰一下",以提醒客人,防止碰撞而发生意外。动作要轻、稳,避免从客人的肩上、头上越过而引起客人的不满。

③站立于客人右侧,用右手将菜肴端起,摆在转台边缘,转至主宾正前方,退一步报菜名,让主宾先尝。

④面带微笑,语气温和,服务用语是:"这道菜是＊＊＊,请您慢用。"

3)上菜要求

（1）先上冷菜，后上热菜。

（2）热菜中，先上重点菜，再上一般菜。

（3）先上本地和本店名菜、时令菜，再上其他菜。

（4）先上酒菜，再上饭菜。

（5）先上咸味菜，再上甜味菜。

（6）先上浓味菜，再上淡味菜。

（7）汤菜及汤汁多的菜肴排列要适宜。

（8）上点心和水果的顺序是，点心一般在宴会进行中上，水果则是在客人即将就餐完毕时上。

3. 送客服务

送客服务是服务员为宾客提供的最后一项服务，标志着对客服务全过程的结束。热情周到的送客服务表明酒店或餐厅对宾客的感谢、尊敬和欢迎宾客再次光临的态度。服务员在送客时的态度、礼节和语言，不仅代表着服务员的服务意识和工作修养，更反映出酒店或餐厅的服务质量，往往直接关系着宾客对酒店或餐厅的评价和忠诚度。因此，送客服务在整个就餐服务流程中是非常重要的。在送客服务中，服务员应注意以下几点。

1)服务流程

流程：拉椅——致谢——送客。

2)服务礼仪和操作技能

（1）保持正确的站姿和适宜仪容仪表，保持微笑。

（2）站立在餐厅门口，随时注意客人的动向。

（3）技能要求：拉椅时，站在客人正后方，左脚在后，右脚在前，将座椅拉出三分之一，待客人站好起身。

（4）服务礼仪：面带微笑，致谢送客，服务用语是："您好，是否需要打包?"双手递送给宾客："请慢走，欢迎您下次光临!"

坐而论道

"抛砖引玉"部分案例中,餐厅服务员的服务礼仪应体现哪些方面?

"论道"指南:

＊掌握餐食服务礼仪和服务要领。

＊餐厅服务应专业、专注。

＊餐厅服务员应具有耐心服务和用心服务的酒店素养。

 起而行之

客人用餐完毕后,服务员应送客,请你扮演其中服务人员进行实训,可以拍一段小视频,分享给大家。

"行之"指南:

＊保持正确的站姿和适宜的仪容仪表,保持微笑。

＊站立在餐厅门口,随时注意客人的动向。

＊技能服务:拉椅时,站在客人正后方,左脚在后,右脚在前,将座椅拉出三分之一,待客人站好起身。

＊服务礼仪:面带微笑,致谢送客,服务用语是:"您好,是否需要打包?"双手递送给宾客:"请慢走,欢迎您下次光临!"

 **三省吾身**

请对照下表,自评本节课的学习情况。

中餐餐食服务知识点测试

学习情况自评表

目标达成度		评价等级			
		A	B	C	D
能力目标	迎接客人:按规定着装,仪容端庄,表示欢迎同时核对就餐人数;面带微笑,施点头礼,表示欢迎				
	引领入座:走在客人前方;指引方向时必须四指并拢,掌心向上;站在客人正后方,左脚在后,右脚在前,将座椅拉出三分之一				
	点菜服务:面带微笑语气温和,"您好,请问现在点菜吗?"双手正面将菜单递给宾客,站在宾客左侧提供服务;介绍特色菜、特价菜等,必要时根据宾客人数对菜品数量提出合理化建议				
	上菜服务:菜肴上桌时,服务员应报出菜名并介绍菜肴的特点,请客人慢用。对于特殊菜肴服务员还要为客人介绍其吃法。上菜时一定要轻放,严禁将菜盘从客人头上越过,同时避免将汤汁洒落到客人身上				
	(1)送客服务礼仪和操作技能:保持正确的站姿和仪容仪表,保持微笑; (2)站立在餐厅门口,随时注意客人的动向; (3)技能要求:拉椅时,站在客人正后方,左脚在后,右脚在前,将座椅拉出三分之一,待客人站好起身; (4)服务礼仪:致谢送客				
素养目标	服务意识强、服务规范度高				
	学习态度端正,积极参与练习				

注:评价等级 A 为优秀、B 为良好、C 为基本掌握、D 为不合格。

2.3.4 中餐之酒水服务

 教学目标

素质目标:树立正确的礼仪观;增强提高学生的审美意识和审美能力。

知识目标:掌握酒水服务的程序;掌握示酒的要求及要领;掌握斟酒服务的主要事项

能力目标:按照要求进行示酒;按照要求进行托盘斟酒;按照要求进行徒手斟酒。

 教学重点难点

重点:掌握徒手斟酒和托盘斟酒的技能。

难点:斟酒的注意事项和突发事件处理。

 抛砖引玉

影响心情的酒水服务

张先生宴请公司重要客户,在用餐时一下要了两箱啤酒。服务员阿正把酒水搬来后没有征求客人的意见,直接开了一箱中的所有酒水,看客人用完后仍意犹未尽,又想到自己多开瓶还可以得到酒店的开瓶费奖励,于是把第二箱的酒水也全打开了。张先生看后尽管觉得服务员做得不当但也没有说什么,因为他觉得第二箱酒也是能够喝完的。等大家酒足饭饱之时,张先生不经意地拿起酒瓶一看,竟然发现该酒水的保质期就在当天……

想一想:服务员阿正在酒水服务中哪些地方做得不当? 在酒水服务中应该遵循什么样的程序?

立而受教

当客人点要白酒后,服务员应立即去吧台取酒,酒水取回后放在工作台上,并仔细检查酒水质量,如质量没有问题,则将酒瓶擦干净。根据客人人数准备相应的白酒杯。准备一条洁净的餐巾,作为服务巾使用,并折叠成长条形状。

中餐酒水服务教学视频

1. 酒水示瓶

客人点用酒水时,服务员应向客人展示酒瓶上包括包装盒上的商标。

1) 示瓶目的

(1)避免差错。

(2)对客人的尊重。

(3)证明商品的可靠性。

2) 示瓶方法

(1)服务员站在客人的右侧。

(2)左手托瓶底,右手持瓶颈,将瓶底向上倾斜30度或45度。

(3)将酒瓶的商标朝向客人,面部表情微笑自然,对客人说话语气轻柔得体,以示对客人的尊重,对客人说:"您好先生/女士!""您好,您看可以打开吗?""您好,打扰您下,这是您的酒水,请问可以打开吗?"让客人辨认商标,直至客人点头认可。

2. 酒水开瓶

在客人确认酒水的品种和质量后,服务员应使用正确的开瓶器开启瓶盖。清洁酒瓶与酒具,用干净的口布包裹住酒瓶,商标朝外,向顾客展示并说明所点的酒水的产地、名称,等待顾客同意后,可以倒入少量让顾客品尝,接受后开始斟酒。

3. 酒水斟倒

1) 斟酒方法

斟酒分为"托盘斟酒"和"徒手斟酒"。

(1)斟酒服务礼仪。

斟酒时,面部表情微笑自然,对客人说话语气轻柔得体,以示对客人的尊重,对客人说:"您好先生/女士!""您好,为您斟倒酒水。""您好,打扰您下,为您斟酒。"

(2)托盘斟酒。

服务员站在主宾的右后侧,右脚在前,左脚在后,侧身立于两椅之间,左脚微微踮起,左手托盘,保持平稳,右手握在瓶身的1/3处,商标朝向顾客,瓶口与杯口间距为1~2厘米,手法灵活,自然大方。斟完一杯酒后,握瓶的右手要顺时针放置一个角度,同时收回酒瓶,使酒滴留在瓶口内,然后再给下一位客人斟酒。注意托盘不要越过客人的肩、头顶,手臂横越客人也是不礼貌的行为(见图2.52)。

图2.52 托盘斟酒示意图

(3)徒手斟酒。

如果一桌客人一次用同一瓶酒,可采取徒手斟酒法。徒手斟酒的姿势要领同上,只是服务员要左手持酒,服务巾背于身后,斟完杯酒后用服务巾擦去瓶口的酒水(见图2.53)。

图2.53 徒手斟酒示意图

2)斟酒动作要领

(1)重心前移至右脚。

(2)右手持瓶靠近杯口,手臂自然弯曲。

（3）左手背于身后。

（4）向杯中斟酒时，上身略向前倾，当酒液斟满时，右手腕部顺时针旋转45度，同时转向自己身体一侧（见图2.52）。

3）斟酒的顺序

（1）主宾、副主宾、主人，然后依次按顺时针方向斟倒。

（2）两个服务员同时斟酒时，一个从主宾一侧开始，向左绕餐桌进行；一个从副主宾一侧开始，向左绕餐桌进行。

（3）给每位客人斟酒之前，先向客人示意（见图2.54）。

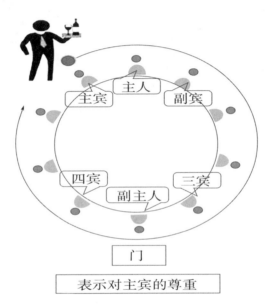

图2.54 斟酒顺序示意图

4）斟酒的注意事项

（1）斟酒时，服务员应站在客人身后右侧，左手托盘或拿餐巾，右手持瓶，使酒标朝外进行操作。所有酒水服务都应从客人右边进行，不可"左右开弓"。

（2）斟酒时，瓶口不可靠到酒杯，但也不宜过高，过高容易溅出杯外。

（3）瓶内酒越少，出口的速度越快，因此要掌握好酒瓶的倾斜度。

（4）未斟完的酒水，应将酒瓶放在工作台上，如客人要求自己倒酒，可以根据客人指定的位置摆放。

5）应急处理

（1）当因操作不慎，将杯子碰倒时，立即向客人表示歉意，同时在桌上的酒水痕迹处铺上干净的餐巾。

(2)当客人祝酒讲话时,服务员要停止一切服务,端正站立在适当的位置上,不可交头接耳,要注意保证每个客人杯中都有酒水;讲话即将结束时,要向讲话者送上一杯酒,供祝酒之用。

(3)主人离位或离桌去祝酒时,服务员要托着酒,跟随主人身后,以便及时给主人或其他客人续酒;在宴会进行过程中,看台服务员要随时注意每位客人的酒杯,见到杯中酒水只剩下 1/3 时,应及时添满。

 坐而论道

"抛砖引玉"部分案例中,阿正哪些地方做错了?

"论道"指南:

＊在开酒之前要先向客人询问,是否打开酒水。

＊在征得客人同意后,方可开酒并提供酒水服务。

＊最后,按照正确示酒要领向客人进行酒水展示。

 起而行之

如果遇到了以下情况,作为餐厅工作人员,你会怎么处理呢? 拍一段小视频,分享给大家,讨论一下谁的应对方式更恰当。

如果不小心将酒水洒落到餐桌上如何处理?

"行之"指南:先向客人表示歉意,征得客人同意后对桌面进行清理,如果酒水撒到客人身上,应及时将衣物送至洗衣处进行清洗。

 三省吾身

请对照下表,自评本节课的学习情况。

中餐酒水礼仪知识点测试

学习情况自评表

目标达成度		评价等级			
		A	B	C	D
能力目标	示瓶:服务员站在客人的右侧;左手托瓶底,右手持瓶颈,将瓶底向上倾斜 30 度或 45 度;酒瓶的商标朝向客人				
	托盘斟酒:服务员站在主宾的右后侧,右脚在前,左脚在后,侧身立于两椅之间,左脚微微踮起,左手托盘,保持平稳,右手握在瓶身的 1/3 处,商标朝向顾客,瓶口与杯口间距为 1~2 厘米,手法灵活,自然大方。斟完一杯酒后,握瓶的右手要顺时针放置一个角度,同时收回酒瓶,使酒滴留在瓶口内				
	徒手斟酒:如果一桌客人一次用同一瓶酒,可采取徒手斟酒法。徒手斟酒的姿势要领同上,只是服务员要左手持酒,服务巾背于身后,斟完杯酒后用服务巾擦去瓶口的酒水				
	斟酒动作要领:重心前移至右脚;右手持瓶靠近杯口,手臂自然弯曲;左手背于身后;向杯中斟酒时,上身略向前倾,当酒液斟满时,右手腕部顺时针旋转 45 度,同时转向自己身体一侧				
素养目标	工作积极性高,服务素质标准高,品质意识高				
	学习积极性、参与度高				

注:评价等级 A 为优秀、B 为良好、C 为基本掌握、D 为不合格。

2.3.5　西餐之座次礼仪

教学目标

素质目标:了解西餐文化,养成良好的西餐服务礼仪。

知识目标:掌握西餐座次安排原则、常见桌型的座次安排方法和特殊座次安排方法。

能力目标:根据西餐座次原则和常见桌型,快速、规范地为宾客安排西餐宴会席位;进行特殊座次安排。

教学重点难点

重点:客人身份尊卑判定要点以及西餐长台桌的座次安排要点。

难点:根据客人身份判定尊卑座次,根据特殊情况随机应变处理。

抛砖引玉

西餐厅今天接到预定,酒店 VIP 顾客王先生夫妇要举办结婚 10 周年庆祝宴会,邀请了 8 位亲友参加,王先生非常重视这次宴会,提前把客人的资料传真给餐厅,要求一定要安排好座次。西餐厅吴主管将安排座次的任务交给了实习生阿正,要求阿正安排好座位后交给自己审核。阿正结合自己对于西餐文化的了解很快安排好座次,自信满满地交给了吴主管。阿正安排的座次示意(见图 2.55)。

主人王先生在面门的主位就坐,王太太在靠近门的第二主位就坐。

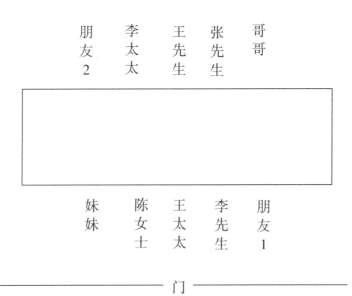

朋友2	李太太	王先生	张先生	哥哥

妹妹	陈女士	王太太	李先生	朋友1

门

图2.55 阿正安排的座次示意图

男主宾李先生坐在女主人的右侧,女主宾李太太坐在男主人的右侧。其余宾客按照年龄和身份的高低依次从男女主人的近座至远座排列,并且为了方便交流,男宾均安排在男主人一侧,女宾均安排在女主人一侧。

吴主管看后评价道:"你的安排有合理的地方,但是严格按照西餐的座次礼仪来说却又犯了几个错误。王先生夫妇这次宴会意义重大,在座次安排上一定要严谨,才能体现咱们酒店的专业和高标准的服务质量。"

想一想,阿正安排合理的地方有哪些?出错的地方有哪些?

 立而受教

1. 有"序"安排座次

首先来了解一下西餐厅服务员的岗位工作流程:

(1)与宴会举办者联络,确定宴会主题、参加人员,并了解其特殊要求,如是否需要座次牌等。

(2)根据座次安排原则及桌型确定座次。

(3)特殊情况处理。

席位安排是指根据宾主的身份、地位来安排每位客人的座位。合理的座次是宴会顺利进行的基础。在进行席位安排时,服务员必须与宴会举办者联络,了解其要求,并遵循"近高远低"的原则。近高远低的高低是指客人的身份和地位,而近、远则是指客人与主人的距离。

西餐座次礼仪教学视频

2.西餐席位安排的五大原则

1)面门为上

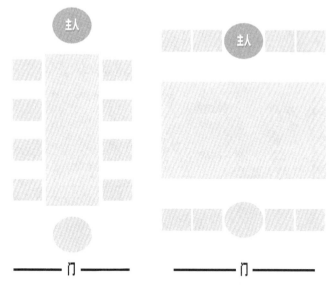

图 2.56　面门为上示意图

按礼仪的要求,首先按照面门为上的原则确定主人位,面对餐厅正门的位置要高于背对餐厅正门的位置(见图 2.56)。

2)女士优先

西餐礼仪以女士优先为原则。排定用餐席位时,一般女主人为第一主人,在主位就座,而男主人为第二主人,坐在第二主人的位置上(见图 2.57)。

图 2.57　女士优先示意图

3) 距离定位

西餐桌上席位的尊卑,是根据在场人员距离主位的远近决定的,距离主位越近宾客身份就越高(见图2.58)。

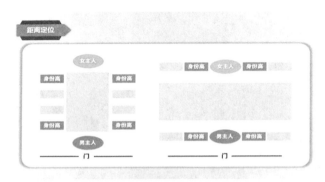

图2.58 距离定位示意图

4) **以右为尊**

排定席位时,以右为尊是基本原则。就某一具体位置而言,按礼仪规范其右侧要高于左侧之位。在西餐排位时,男主宾要排在女主人的右侧,女主宾排在男主人的右侧,按此原则,依次排列(见图2.59)。

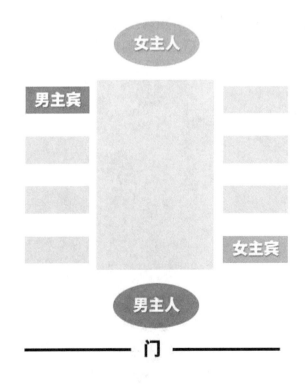

图2.59 以右为尊示意图

5)交叉排列

西餐排列席位时,讲究交叉排列的原则,即男女应当交叉排列,熟人和生人也应当交叉排列。在西方人看来,宴会是拓展人际关系的场合,这样交叉排列的用意就是让人们能多和周围客人聊天,达到社交目的。

在安排座次时,服务员应按照以上五个原则依次排列,保证准确无误。

3. 常见桌型的座次安排

西餐桌型很丰富,有长桌、圆桌、方桌、马蹄形桌等,不论哪种桌型都要遵照西餐座次基本原则进行排列。

西餐宴会通常用长台,餐台的台型和大小可根据宴会厅的形状、出席人数和宾客要求摆放成"一"字台形、"T"字台形、马蹄形、山字形和中空形、工字形等。一般20人左右的酒席可摆成一字形长台或T形台,40人左右可摆成工字形或门字形,60人左右可摆成"M"形等。其中长桌桌型最为常见,有两种就座方式,分别为英美式就座方式(纵向)和法式就座方式(横向)。

1)法式就座方式

主人位置在中间,男女主人对坐,女主人右边是男主宾,左边是男次宾,男主人右边是女主宾,左边是女次宾,陪客则尽量往旁边坐(见图2.60)。

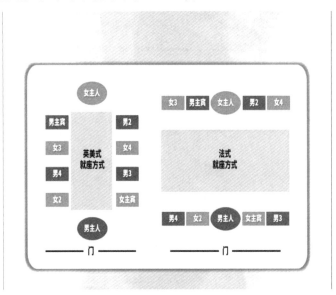

图2.60 法式就座方式示意图

2)英美式就座方式

桌子两端为男女主人,若夫妇一同受邀,则男士坐在女主人的右手边,女士坐在男主人的右手边,左边则是次宾的位置,如果是陪同客,就尽量往中间坐(见图2.61)。

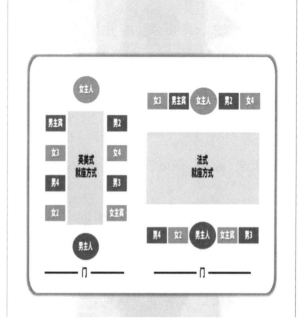

图 2.61　英美式就座方式示意图

3）其他桌型就座方式

圆桌：女主人面门而坐，对面为男主人，排座方法与长桌/英美式一致（见图 2.62）。

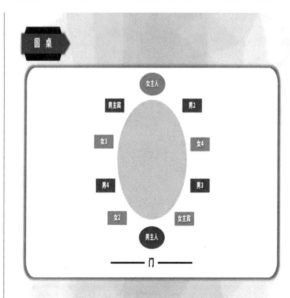

图 2.62　圆桌就座方式示意图

方桌：女主人、男主宾面门而坐，男主宾坐在女主人的右侧；男主人和女主宾坐在女主人对面，女主宾就坐于男主人的右侧；其余宾客按照座次安排原则排列在餐桌两侧（见图 2.63）。

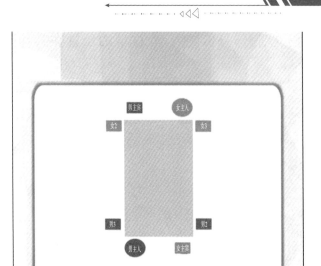

图 2.63 方桌就座方式示意图

马蹄形桌:在人数较多的情况下使用,一般男女主人并排坐在面门中间的位置,宾客按照座次安排原则依次排列(见图 2.64)。

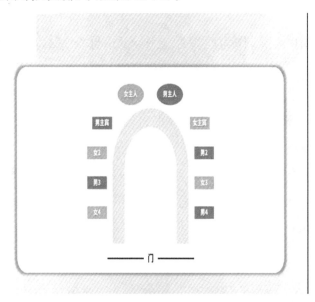

图 2.64 马蹄形桌就座方式示意图

不管怎样的桌型,均按照女士优先的原则,其他客人以尊卑顺序坐在他们的周围,客人越尊贵离男女主人越近,还要注意男女搭配就座。

4. 特殊座次安排

座次安排原则看起来很简单,但是到了实际工作中我们会遇到很多问题。这里我们一起来看一下特殊座次应该如何安排吧。

如果在宴会中有一些特殊身份的人，允许他的位置在其他人的前面或者上面，比如：

(1)到访的外国客人。

(2)具有卓越成绩和事业的宾客。

(3)职位晋升的宾客。

(4)过生日的宾客。

 坐而论道

"抛砖引玉"部分案例中，阿正哪些地方做错了？

"论道"指南：

＊按照女士优先的原则，女主人要放在第一主人位。

＊按照交叉排列的原则，男士与女士、生人与熟人搭配就座。

 起而行之

如果遇到了以下情况，作为西餐厅工作人员，你会怎么处理呢？拍一段小视频，分享给大家。

1. 如果宾客比宴请人先到，你该如何安排席位？

2. 情人节，餐厅将长桌拆分成了方桌，针对众多情侣顾客，你会怎样安排座次？

"行之"指南：

＊与宴会举办者联络，确定宴会主题、参加人员，并了解其特殊要求。

＊女士优先。西餐讲究女士优先的原则。同样身份、地位的宾客，女士的座次要高于男士。

 **三省吾身**

请对照下表，评价各组同学西餐座次礼仪的得分。

西餐座次礼仪知识点测试

学习情况自评表

目标达成度		评价等级			
		A	B	C	D
能力目标	座次安排原则:面门为上、女士优先、距离定位、以右为尊、交叉排列。				
	桌型安排原则:长桌英美式、法式,圆桌、方桌、马蹄形桌。				
	特殊安排原则:外国的、成绩卓越的、职位晋升的、过生日的宾客座次靠前。				
素养目标	引导学生感受西餐文化、氛围,了解礼仪。				
	养成良好的西餐服务职业礼仪,持续向客人展现热情友好的服务态度。				

注:评价等级 A 为优秀、B 为良好、C 为基本掌握、D 为不合格。

2.3.6 西餐之餐食服务

教学目标

素质目标:感受西餐的文化、氛围和礼仪,培养求同存异和接纳外来文化的包容精神。

知识目标:掌握西餐餐食服务礼仪的要求;掌握拉椅让座的动作要领以及点菜、上菜、撤盘的礼仪要求。

能力目标:正确地运用西餐服务礼仪为客人进行餐食服务;将各礼仪动作要领融合到服务流程中去。

教学重点难点

重点:拉椅让座的动作要领;点菜、上菜、撤盘的礼仪要点。

难点:根据不同菜式区分上菜位置;餐具摆放暗语。

抛砖引玉

实习生阿正被分配在某星级酒店的西餐部工作,客人来到西餐厅,阿正熟练地为男客人拉椅让座,却被男客人拒绝。在铺餐巾时,他按照中餐铺餐巾的方式,将餐巾垫在餐盘下面,客人笑着摇了摇头。

想一想,为什么客人拒绝阿正拉椅让座并且摇头呢? 你认为阿正哪里做错了呢?

立而受教

1. 岗位工作流程

首先我们一起来熟悉一下,西餐厅服务员餐食服务岗位的工作流程:

（1）协助宾客入座。

（2）呈递菜单与点菜服务。

（3）上菜和撤盘服务。

（4）送客服务。

1. 协助宾客入座礼仪

1）拉椅让座

优雅、到位的拉椅让座是西餐餐食服务礼仪的第一步，当迎送员把客人带到餐台边时，服务员应主动上前协助宾客入座。请大家特别注意，在西餐服务时应时刻遵循女士优先的原则，先为女士服务。

西餐餐食服务礼仪教学视频

具体动作说明：

（1）服务员站在椅背的正后方，双手握住椅背的两侧，后退半步，同时将椅子拉后半步（见图2.65）。

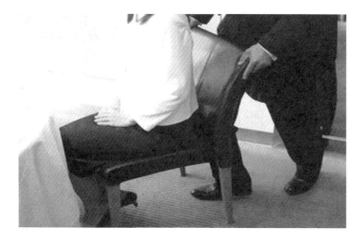

图2.65 拉椅让座示意图

（2）面带微笑，身体稍向前倾，用右手做一个"请"的手势，示意客人入座，并说"先生/女士，请坐"。

（3）在客人即将坐下的时候，双手扶住椅背两侧，用右膝盖顶住椅子。

（4）拉椅、送椅动作要迅速、敏捷，力度要适中，不可用力过猛，以免撞倒客人。

2）落席巾

待客人落座后，为客人铺上餐巾，铺于客人腿部，对折成三角形或长方形，上下两部分不要完全对称，便于客人拿起调整（见图2.66）。

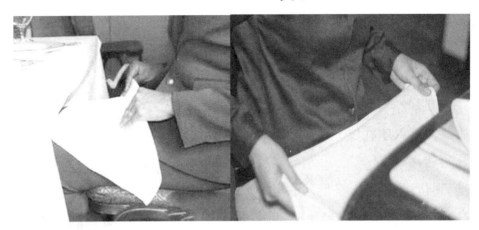

图 2.66　餐巾折法示意图

具体动作：

(1)按先女士后男士、先客人后主人的次序顺时针方向依次进行。

(2)声音大小适中,提示客人："您好,为您铺餐巾。"站于客人的右手边拆开餐巾,左手提起餐巾的一角,使餐巾的背面朝向自己。

(3)用右手拇指和食指捏住餐巾的另一角。

(4)采用反手铺法,即右手在前,左手在后,轻快地为客人铺上餐巾,这样可避免右手碰撞到客人身体。

3. 呈递菜单与点菜礼仪

西餐采用分餐制,服务员同样要按"先宾后主,女士优先"的原则为客人点菜。

(1)将餐牌打开至第一页,送至客人手中说："这是我们厨房制作的菜单,请过目。"同时,服务员向客人介绍当日特色菜,介绍时要注意说话节奏快慢,语速不能太快! 要避免面部表情呆板、冷淡,说话语气生硬、沉闷。

(2)待客人考虑片刻,再上前问询是否可以点菜："先生/小姐,请问您吃点什么?"或者说："先生/小姐,我可以为您点菜了吗? "客人同意后进行点菜。点菜完成后,按逆时针方向为下一位客人点菜。

(3)点菜结束,收回菜单,并祝宾客用餐愉快。

(4)和宾客讲话时,身体略向前倾,音量适中,以不打扰其他宾客为标准。

4. 上菜和撤盘礼仪

1)上菜礼仪

(1)上菜顺序先从主人右侧的主宾开始,之后是主人,然后是其他宾客。

(2)上菜位置:上菜(主菜、汤、甜品等)在客人的右侧进行。

上配料汁酱、柠檬、面包片、黄油、沙律汁、胡椒粉等其他小物品,从客人左边进行,因为他们不是单独的一道菜(见图 2.67)。

图 2.67　上菜位置示意图

(3)上菜方向:上菜时,重复客人所点的菜式名称,并将每道菜观赏面或主菜朝向客人。

2)撤盘礼仪

按菜单顺序撤盘上菜,每上一道菜之前,应先将前一道菜的空盘及用过的餐盘撤下。

(1)撤盘位置:撤盘在客人右侧进行,用手势示意客人或轻声询问:"先生/小姐,可以把它拿走吗?"

(2)撤盘时机:要等到整桌客人均吃完同道菜后再去撤掉餐碟,不要在仍有客人未吃完时,便先撤掉吃完的客人餐具,这样就如同在催促未吃完的客人。

(3)撤盘方向:按顺时针方向撤盘子,轻拿轻放,避免操作声过大影响客人用餐。

3)西餐餐具摆放暗语

你吃过西餐吗?吃西餐的时候是如何摆放刀叉的呢?你一定想不到西餐中刀叉的摆放还暗藏了信息吧?下面让我们一起看看西餐餐具摆放暗语吧(见图 2.68)!

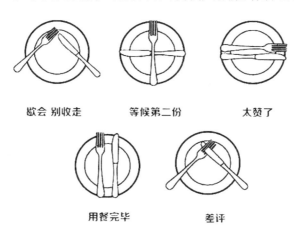

图 2.68　餐具摆放暗语示意图

餐叉呈八字形摆，放意为"歇会、别收走"，表示不可收走餐盘，需等待客人归来。

餐叉呈十字形摆放，意为"等待第二份"，表示尽快送上下一份餐食。

餐叉平行横向摆放，意为"太赞了"，得到客人好评，及时记录进顾客档案。

餐叉平行纵向摆放，意为"用餐完毕"，应及时为客人收拾餐盘，如有餐后甜点和酒水饮品，应尽快为客人奉上。

刀尖插入叉子，呈×字形摆放，意为"差评"，应尽快询问客人不满意的原因，做出应对措施。

在西餐服务过程中，我们要时刻注意客人餐具的摆放，以便及时做出回应。

5.送客礼仪

用餐结束后，服务员为客人拉椅，并说"请慢走"，然后在桌旁15度鞠躬送别客人。

六、西餐餐食服务礼仪顺口溜

宾客入座要拉椅，席巾铺在腿上面。

客人右侧送菜单，顺时服务女士先。

主菜汤食右侧上，酱汁配菜左侧端。

撤盘全桌要同步，客人刀叉有暗言。

用餐结束要送别，微笑鞠躬礼优先。

 坐而论道

"抛砖引玉"部分案例中，阿正哪些地方做错了呢？

"论道"指南：

＊拉椅让座应遵循女士优先的原则。

＊西餐的铺餐巾方法：站于客人右侧，背对客人抖开餐巾，对折成三角形或长方形，采用反手铺法，为客人铺在腿上。

 起而行之

如果遇到了以下情况，作为西餐厅工作人员，你会怎么处理呢？拍一段小视频，分享给大家。

（1）沙拉作为单独菜品和作为配菜时，上菜方位有何区别？

（2）在你准备为女主人拉椅让座时，男主人要为女主人拉椅让座，你会怎么做？

看了同学们在"演一演"中分享的小视频后，谈论一下，谁在视频中的应对方式更为恰当，为什么？

"行之"指南：

＊西餐菜品中独立菜品应从客人右侧送上，作为某一菜品的配菜时，应从客人

的左侧送上。

＊拉椅让座动作要领：

(1)服务员站在椅背的正后方,双手握住椅背的两侧,后退半步,同时将椅子拉后半步。

(2)面带微笑身体稍向前倾,用右手做一个"请"的手势,示意客人入座,并说"先生/女士,请坐"。

(3)在客人即将坐下的时候,双手扶住椅背两侧,用右膝盖顶住椅子。

(4)拉椅、送椅动作要迅速、敏捷,力度要适中,不可用力过猛,以免撞倒客人。

三省吾身

请对照下表,评价各组同学西餐餐食服务礼仪的得分。

西餐餐食礼仪知识点测试

学习情况自评表

目标达成度		评价等级			
		A	B	C	D
能力目标	拉椅让座:双手扶椅背,丁字步站立,动作轻快,服务用语规范到位				
	铺餐巾:对折成三角或长方形,上下部分不对称,反手铺法,服务用语规范到位				
	呈递菜单及点菜:打开第一页,介绍特色菜,身体前倾,语音适中,服务用语规范到位				
	上菜:顺时针进行,操作卫生,丁字步侧身,主菜右配菜左,服务用语规范到位				
	撤盘:整桌同步,轻声询问,摆放暗语,服务用语规范到位				
	送客:拉椅送客,15度鞠躬,服务用语规范到位				
素养目标	感受西餐的文化、氛围和礼仪,求同存异,接纳外来文化的包容精神				
	展现酒店形象,在服务窗口中践行社会主义核心价值观,传递正能量				

注:评价等级 A 为优秀、B 为良好、C 为基本掌握、D 为不合格。

2.3.7 西餐之酒水服务

教学目标

素质目标:帮助学生感受西餐文化、氛围和礼仪。

知识目标:掌握西餐葡萄酒示酒、开瓶的动作要领和介绍性语言;掌握正确的斟酒服务礼仪。

能力目标:正确地运用西餐酒水礼仪为客人进行葡萄酒示酒开瓶服务;熟练运用斟酒服务礼仪为客人斟倒酒水。

教学重点难点

重点:示酒、斟酒服务礼仪动作及斟酒量。

难点:准确把握各动作要领以及斟酒时机。

抛砖引玉

某酒店西餐厅,实习生阿正正在为一桌客人斟酒。阿正站在客人的右侧,面向客人,用右手握住酒瓶下半部,酒的正标朝下,背面的酒标露出。胳膊肘呈弯曲状,旁边的客人受到影响,轻轻侧身躲避。

刚才阿正倒酒时有两个地方做的不到位,你发现了吗? 我们应该如何去做呢?

立而受教

随着国际交往的增多,西方传统酒水饮品越来越多地出现在中国人的餐桌上,西餐中酒水有着特殊的地位,是渲染浪漫气氛的主角,因此酒水服务礼仪的学习就显得尤为重要。学会斟倒葡萄酒是西餐酒水服务礼仪中的关键环节,也是西餐厅服务员必须掌握的服务标准和工作技能。

1. 示酒开瓶服务礼仪

1) 示酒礼仪

动作要求：展示葡萄酒时，面带微笑，站于主人右侧，左手持瓶底，右手虎口处夹握酒瓶，酒标朝向客人，并为客人介绍酒品名、产地、推荐理由等，并询问客人是否可以打开。

服务用语："先生/小姐，这是您点的 1982 年产自智利的拉菲酒，此酒入口圆润柔和，果香满溢，现在为您打开，好吗?"（见图 2.69）

餐酒水礼仪教学视频

图 2.69　示酒示意图

2) 开瓶

客人确认无误后方可开启。

服务用语："现在为您开瓶，请稍后。"

动作要求：服务员退后一步，离开客人座位，并去工作台为客人开酒。开启酒瓶时，要尽量减少瓶体的晃动，一般将酒瓶放在桌上开启，动作要迅速、果断。开启瓶塞后，要用干净的口布仔细擦拭瓶口，检查瓶口是否完整、酒是否有质量问题（见图 2.70）。

图 2.70 开酒示意图

3)试酒

服务员在为所有客人斟倒红葡萄酒前,需要请主人先品尝确认。这个环节叫作试酒。

动作语言要求:试酒时为主人杯中倒入约一口可以饮尽的量,并说:"您好,请品尝。"在主人表示满意后服务员再为其他客人斟酒(见图 2.71)。

图 2.71 试酒示意图

2. 斟酒服务礼仪

这里请注意,为了保证最佳口感,白葡萄酒要放入冰桶冰镇,红葡萄酒需要倒入醒酒器中醒酒。这些步骤完成后，就可以进行斟酒服务了。

1）斟酒姿势

斟酒时，服务员要站在餐位的右侧，面向客人，右脚前左脚后，呈丁字步站立，轻声对客人说："您好，打扰一下。"（见图 2.72）斟酒时，服务员需尽量伸直手臂，避免胳膊肘弯曲过大，影响旁边的客人。

使用醒酒器斟倒时，左手手臂处持服务口布，每斟倒 1 次进行 1 次擦拭。

使用酒瓶斟倒时，用右手握住酒瓶下半部和酒标背部。每次向下倒酒后，提起酒瓶时，应一边向内轻微旋转，一边提起，这样瓶口残留的酒水便可均匀分布在瓶口周围，有效避免酒水洒落、污染桌面。

斟倒酒水后，要轻声对客人说"请慢用"，再为下一位客人斟酒。

图 2.72　斟酒姿势示意图

2）斟酒位置和斟酒量

斟酒时，服务员应使分酒器或酒瓶对着酒杯的中心悬空倒酒，不可接触到杯口，也不可沿着杯壁倒酒。斟酒量也要控制，不可以一次性倒入过多，不然客人晃酒时很容易溅出（见图 2.73）。

图 2.73 斟酒位置示意图

那么各类葡萄酒应该斟倒多少才合适呢？

红葡萄酒适合倒入 1/3 杯，而白葡萄酒、桃红葡萄酒可以倒入 1/2 杯。香槟等气泡酒斟入杯中时，应先斟倒 1/3 杯，待酒中泡沫消退后，再往杯中续斟至七分满即可（见图 2.74）。

图 2.74 斟酒量示意图

3）斟酒的时机

在宴会开始前 5 分钟之内，服务员要将葡萄酒斟入每位宾客杯中，斟好酒后就可请客人入座。在宴会开始后，服务员应在客人干杯后及时为客人添斟，每上一道新菜后同样需要添斟，客人杯中酒液不足时也要添斟。不过，当客人掩杯或者用手遮挡住杯口时，说明客人已不想喝酒，此时，则不应该再斟酒。

坐而论道

"抛砖引玉"部分案例中,阿正哪些地方做错了?

"论道"指南:

为客人斟酒时需要注意:

* 酒标位置:让客人能够看清酒标,便于客人确认酒水无误。

* 斟酒姿势:斟酒时需尽量伸直手臂,避免胳膊肘弯曲过大,影响旁边的客人。

 起而行之

如果遇到了以下情况,作为西餐厅工作人员,你会怎么处理呢?拍一段小视频,分享给大家,讨论一下谁的应对方式更恰当。

(1)在为客人打开红酒时,不小心扎穿木塞,导致木屑进入红酒,你会怎样处理?

(2)在为客人斟酒时,因为手臂力道不稳,不小心将酒滴洒在桌布上,你该怎么办?

"行之"指南:

* 开启酒瓶时,要尽量减少瓶体的晃动,动作要迅速、果断。开启瓶塞后,要用干净的口布仔细擦拭瓶口,检查瓶口是否完整、酒是否有质量问题。

* 使用醒酒器斟倒时,左手手臂处持服务口布,每斟倒1次进行1次擦拭。

* 使用酒瓶斟倒时,每次向下倒酒后,提起酒瓶时,应一边向内轻微旋转,一边提起,这样瓶口残留的酒水便可均匀分布在瓶口周围,有效避免酒水洒落、污染桌面。

 三省吾身

请对照下表,评价各组同学西餐酒水服务礼仪的得分。

西餐酒水礼仪知识点测试

161

学习情况自评表

目标达成度			评价等级			
			A	B	C	D
能力目标	示酒礼仪：微笑站于右侧，左手持瓶底，右手虎口处夹握酒瓶，酒标朝向客人，为客人介绍酒水					
	开瓶礼仪：开启动作迅速、果断。开启瓶塞后，要用干净的口布仔细擦拭瓶口，检查瓶口是否完整、酒是否有质量问题					
	试酒礼仪：为主人杯中倒入约一口可以饮尽的量					
	斟酒服务礼仪：丁字步站立，手臂伸直。正确使用酒瓶和醒酒器倒酒					
	斟酒位置及时机：红葡萄酒 1/3 杯，白、桃红葡萄酒 1/2 杯，香槟七分满					
素养目标	感受西餐的文化、氛围和礼仪，求同存异、接纳外来文化的包容精神					
	展现酒店形象，在服务窗口中践行社会主义核心价值观，传递正能量					

注：评价等级 A 为优秀、B 为良好、C 为基本掌握、D 为不合格。

2.3.8 送餐礼仪

教学目标

素质目标：培养尊重他人、诚信友善的服务意识，以礼待人。

知识目标：酒店客房送餐的一般要求与主要程序；判断送餐礼仪妥当与否。

能力目标：在服务场合中展现良好的礼仪，能运用所学知识完成客房送餐服务。

教学重点难点

重点：客房送餐的流程及礼仪要点。

难点：突发情况的临时应变及正确使用用语。

抛砖引玉

实习生小师给住店客人送餐，在征得客人同意后，她推着餐车进入了房间，看见客人正在桌前办公。没有仔细观察，也没有询问，她直接把菜品摆放在了客人正在办公的桌子上，引得客人急忙说："小心，汤水别洒到我的文件上。"小师显得比较尴尬，只好说："对不起。"客人说道："还好没洒，把菜摆到那边的小桌子上吧！"小师暗暗舒了一口气，按照客人的吩咐摆好了。

想一想，小师的客房送餐服务礼仪哪些地方不恰当？

立而受教

1. 礼貌送餐

送餐服务是指服务员根据客人要求将客人预订的餐食送到客房的一种对客服务。在送餐服务的过程中，服务员要直接服务客人。因此，在具体操作中，语言、行为都要符合礼仪规范，严格遵守服务标准，从而体现良好的个人和酒店形象。

2. 送餐礼仪

1）备餐

（1）准备送餐用具和餐具及账单、签字笔等。

（2）取菜品和酒水，检查是否合乎预订要求，并规范摆放在餐车和托盘上。

（3）核实菜品与账单，确认房号与客人姓名。

2）敲门进房

（1）到达客人房间门口时，首先核对房号，确认后方可敲门。敲门的同时，以适当的音量说："您好，客房送餐。"或者说："Room Service。"

（2）用右手食指或中指的第二指关节敲门三下。

（3）即使房门开着也要敲门，但最多不超过三次。

（4）客房无人应答时，应返回餐厅，到预订员处查询，同时将菜品保温或妥善存放。

3）摆放菜品

（1）进入房间后，首先用客人的姓氏称呼客人并问好，使用"早上好！""您好！"或"不好意思，打扰了"等礼貌用语，然后询问客人摆餐位置并按照客人要求将物品摆好。

（2）主动向客人介绍菜品、饮料、调味品等。

（3）为客人拉椅让座。

4）结账离开

（1）结账时，双手奉上账单，文字朝向客人。递账单时，使用礼貌服务用语，例如，"您的餐费是128元，请在账单上签上您的姓名和房号。"

（2）现金当面点清及辨别真伪；转账时要看清客人房卡；核对客人签字的姓名是否与预订员提供的一致。

（3）客人签字或付现金后，服务员要向其道谢，并礼貌道别。使用服务语言，如："请慢用，有什么需要请打电话到预定处，祝您用餐愉快，再见。"

送餐礼仪教学视频

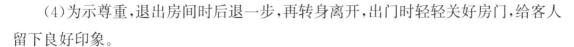

(4)为示尊重,退出房间时后退一步,再转身离开,出门时轻轻关好房门,给客人留下良好印象。

3. 注意事项

服务员在送餐服务中,一定要树立讲究细节、以客为尊的职业观念,培养周到细致、尽善尽美的的职业作风,在细微处体现对客人的尊重,体现服务品质。与客人交流时,使用敬语;征求意见时,使用问询的语气。总的来说,送餐服务要特别注意以下方面。

1)送餐

讲求效率,及时准备,准时送达。

2)收餐

收餐一般是在用餐一小时后,应先征得客人同意,或者按照和客人约定的时间,给客人留足用餐时间,避免给人留下催促之感。

3)特殊情况

在特殊时期要严格按照特殊的规定执行。如疫情中,酒店实行无接触送餐服务,按照约定及时为客人送餐、收餐,避免直接接触。

"抛砖引玉"部分案例中,小师哪里做的不对呢?

"论道"指南:

进房送餐时,应该根据备餐、核对敲门、摆放菜品、结账离开的步骤和操作要求来提供服务。进房后,尤其要先观察并询问客人菜品摆放的意见,避免给客人带来不便。

如果遇到了以下情况,你会怎么处理呢?拍一段小视频,分享给大家。

(1)到客房送餐时,敲过三次房门后,没有应答,你该怎么办?

(2)请客人结账时,哪些要点需要注意?

"行之"指南:

＊备餐,规范摆放,确认。

＊核对房号,敲门报称。

＊摆放菜品,拉椅让座。

＊结账离开。

请对照下表,自评本节课的学习情况。

送餐礼仪知识点测试

学习情况自评表

目标达成度		评价等级			
		A	B	C	D
能力目标	备餐:准备送餐用具和餐具,规范摆放在餐车和托盘上,核实菜品与账单,确认房号与客人姓名				
	敲门进房:核对房号,敲门报称				
	摆放菜品:摆放菜品,拉椅让座				
	结账离开:双手奉上账单,账单文字顺向客人,核对,礼貌道别				
素养目标	小组成员参与度高				
	以礼待人,体现尊重他人、诚信友善的服务意识				

注:评价等级 A 为优秀、B 为良好、C 为基本掌握、D 为不合格。

2.4 最美会议人

2.4.1 会议服务

教学目标

素质目标:培养正确的礼仪观;增强学生的审美意识和审美能力。

知识目标:掌握会议礼仪的要领;掌握奉茶的要求及要领;掌握会后服务的主要事项。

能力目标:规范正确地使用会议礼仪;按照要求正确地进行奉茶服务。

教学重点难点

重点:会议礼仪工作程序流程。

难点:会议奉茶服务礼仪。

抛砖引玉

会议结束时的不满

某公司在酒店会议室召开董事会年终会议,会议从筹备到召开都进行得非常顺利,客人对各项服务也非常满意。就在会议结束时,服务员阿正单手将外套递送给了王总,也没有任何语言的交流,客人一脸不悦地接过衣物,自行开门离开了会议室。

想一想:会议服务员的会后服务礼仪应体现哪些方面?

会议服务教学视频

1. 会议台型及其适用场合

会议场地的摆设类型多种多样论坛、研讨会、年会、发布会、开幕式各样会议扑面而来,如何选择最合适的场地摆台形式?

1)剧院式

此种摆台形式是在有限场地内使容纳人数达到最多的摆台形式,像电影院一样,参会者每人一把座椅。中间留有较宽的过道(见图2.75)。适用会议是:大型会议和短时的、不用记笔记的讲座;有些会议带分组讨论或按角色分组,在全体会议阶段适用剧院式,因为椅子方便移动。

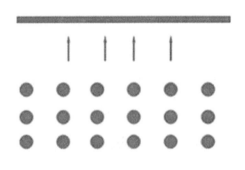

图 2.75 剧院式示意图

2)教室式(课堂式)

在会场面向舞台或讲台的方向,将桌椅按排端正摆放或呈 V 形摆放,像教室一样摆放成排的桌椅,中间留有过道(见图2.76)。

适用会议是:大、中型会议最常使用的形式;需要记笔记的讲座。

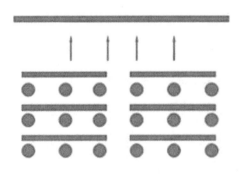

图 2.76 教室式示意图

3)方形中空式(回字形摆法)

将会议室里的桌子摆成方形中空,前后不留缺口,椅子摆在桌子外围,成回字形(见图2.77)。适用于学术研讨会这一类型的会议,前方设置主持人的位置,可分别在各个位置上摆放上麦克风,以方便不同位置的参会者发言。

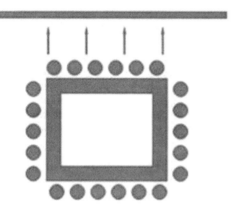

图2.77 回字形示意图

4)鱼骨型

将会议室的桌子按照鱼骨架即八字形依次摆开,在桌子的周围摆放座椅,组与组之间留出走路的间隔,使整体样式显现出一种鱼骨的形状(见图2.78)。

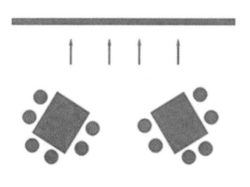

图2.78 鱼骨式示意图

2. 会议座次安排

1)大会议室的座位安排

(1)主席台座次排列,如图2.79所示。

(2)台下如实行定置管理,一般也需贴上名签,并在会议室醒目位置贴上座位安排表,以便与会人员及时找到座位。

（3）主席台如需分列摆放座位，第一排应不分列，从第二排或第二排以后再分列，避免第一排中间有过道。

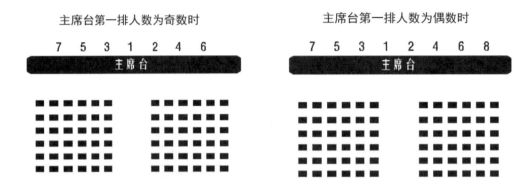

图 2.79 大会议室座次安排示意图

2）小会议室的座位安排

在小会议室开会时的座次安排，如图 2.80 所示。

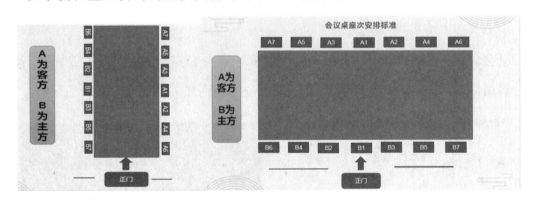

图 2.80 小会议室座次安排示意图

3.会议迎接服务礼仪

会议开始前 30 分钟，接待人员各就其位，准备迎接会议嘉宾。嘉宾到来时，接待人员要精神饱满、热情礼貌地站在会议室的入口处迎接嘉宾，施鞠躬礼，面带微笑轻声说："欢迎光临，这边请！"

4.会议奉茶服务礼仪

1）奉茶要求

（1）轻轻推开门（大会场），逐一为客人倒水。

（2）往高杯中倒茶续水时，站立于客人右后侧，右手拿暖瓶，用左手的小指和无名指夹住杯盖上的小圆球,用大拇指、食指和中指握住杯把,从桌上端起茶杯,腿一前一后,侧身把水倒入杯中。

(3)在倒水的时候,要稍微提醒一下在座的人,避免别人没看见你在倒水,身体动一下、或者突然站起来时把水洒到别人身上,面带微笑轻声说:"您好,打扰一下。"

(4)正确的步骤是:双手端茶从宾客的右后侧奉上。然后右手拿着茶杯的中部,左手托着杯底,杯子的耳应朝向宾客,双手将茶递给宾客时面带微笑轻声说"您请用茶",倒茶后退后两步,轻声转身离开。

2)奉茶要领

会间服务续水要领:

拿——右手拿热水壶。

站——右脚插入椅档,站立在两个椅档的中间。

取——左手无名指和小指夹起杯盖,其余三指握住杯柄。

倒——瓶口不要碰到杯口。

礼貌用语:请用茶!

3)奉茶顺序

以右为先;

以主位或级别最高的领导为先,依次倒水、上茶;

其余人员均按照顺时针顺序进行(注:壶嘴不要对客人);

主席台一定要从客人背后加水;

会议过程中或有人员发言时,可不必询问直接续水;

倒水的时候要多注意观察,如有茶杯被污染要及时更换;

倒水的时候要做到要轻、稳。

5. 礼貌送客

1)递送物品

会议结束时,应立即送还来宾会前脱下的衣帽,注意不可出错。如发现有来宾遗忘的衣帽或其他物品,应立即与来宾联系或交主管处理。双手将物品递送给客人并面带微笑,语气轻柔地说:"这是您的＊＊＊,请收好。""请携带好您的＊＊＊物品。"

2)开门服务

会议结束时,会议服务人员应立即开启会议室大门,并在门口立岗、微笑送客(见图2.81)。

面带微笑,施点头礼表示欢送,服务用语是:"欢迎您下次光临! 请慢走!""请带好您的个人物品,欢迎下次光临!"

图 2.81　会议开门服务示意图

6. 会后会场清理

检查会议室内是否有电器设备损坏,如发现损坏及时通知设备部进行修复。

清理会议桌上的资料、茶杯、毛巾等物品并送到后场及时清洗。

及时进行保洁清扫。

关闭照明灯具及空调。

关闭会议室。

 坐而论道

"抛砖引玉"部分案例中,会议服务员会后服务礼仪应体现哪些方面?

"论道"指南:

＊明确会议结束后,都有哪些服务项目。

＊按照服务礼仪要求,双手将物品送还客人。

＊微笑送客并表示欢送。

起而行之

会议服务中,作为餐厅工作人员,奉茶服务应注意哪些要领、体现哪些礼仪呢?拍一段小视频,分享给大家。

"行之"指南:

＊奉茶要领

拿——右手拿热水壶。

站——右脚插入椅档,站立在两个椅档的中间。

取——左手无名指和小指夹起杯盖,其余三指握住杯柄。

倒——瓶口不要碰到杯口。

礼貌用语:请用茶!

＊奉茶礼仪

以右为先;

以主位或级别最高的领导为先,依次倒水、上茶;

其余人员均按照顺时针顺序进行(注:壶嘴不要对客人);

主席台一定要从客人背后加水;

会议过程中有人员发言时,可不必询问直接续水;

倒水的时候要多观察,如有茶杯被污染要及时更换;

倒水的时候要做到要轻、稳。

三省吾身

请对照下表,自评本节课的学习情况。

会议服务知识点测试

学习情况自评表

目标达成度		评价等级			
		A	B	C	D
能力目标	倒水服务:往高杯中倒茶续水时,站立于客人右后侧,右手拿暖瓶,用左手的小指和无名指夹住杯盖上的小圆球,用大拇指、食指和中指握住杯把,从桌上端下茶杯,腿一前一后,侧身把水倒入杯中				
	奉茶顺序:以右为先;以主位或级别最高的领导为先,依次倒水、上茶;其余人员均按照顺时针顺序进行(注:壶嘴不要对客人);主席台位一定要从客人背后加水;会议过程中或有人员发言时,可不必询问直接续水;倒水的时候要多注意观察,有茶杯被污染要及时更换				
	递送物品:会议结束时,应立即送还来宾会前脱下的衣帽,注意不可出错,如发现有来宾遗忘的衣帽或其他物品,应立即与来宾联系或交主管处理。双手将物品递送给客人并面带微笑语气轻柔,服务用语:这是您的＊＊＊,请收好。请携带好您的＊＊＊物品				
素养目标	精神饱满,对客服务热情周到				
	学习态度佳,参与度高				

注:评价等级 A 为优秀、B 为良好、C 为基本掌握、D 为不合格。

2.4.2　签字仪式

教学目标

素质目标:增强集体意识,培养集体荣誉感;养成正确的礼仪习惯。

知识目标:掌握签字仪式签字厅的布置;掌握签字仪式的座次安排,了解签字仪式的整体流程。

能力目标:根据主办方要求规范布置签字仪式的场地;正确地安排签字仪式的座次排序;会根据规范流程进行签字仪式的服务工作。

教学重点难点

重点:布置签字厅。

难点:安排主方客方的座次。

抛砖引玉

酒店签字仪式上,酒店实习生阿正和小师作为助签人,虽然在下面进行了多次练习,但是面对媒体的镁光灯依然紧张,交换文本的时候,俩人竟然在主签人面前进行交换。经理在下面看了,禁不住摇头叹息,仪式一结束,就把他俩叫了过来。

阿正和小师在签字仪式上犯了什么错误? 正确的签字仪式服务流程,你知道吗?

立而受教

签字仪式是酒店经常举办的商务活动之一。对于酒店服务人员来说,掌握签字仪式的准备工作和规范程序,是必备的能力。签字仪式有一套严格的程序,必须按照相应的程序规范进行。

1. 签字前的准备工作

1）准备合同文本

洽谈双方经过协商，拟订合同条款后，按惯例，应由举行签字仪式的主方负责准备待签合同的正式文本。主方会同有关各方一道指定专人，共同负责合同的定稿、校对、印刷与装订。待签的合同文本通常按大八开的规格装订成册，并用高档白纸精心印刷而成，封面一般应选择真皮、金属、软木等高档材质印制。

签字仪式教学视频

2）布置签字场地

签字厅布置的总体要求为庄重、整洁、清净。

签字仪式一般选择在宽敞的会议室内进行，室内应铺红地毯，并设有一张长桌，横放于室内，桌上可铺设深绿色绒毯，桌后并排放两张椅子。签字人面门而座（按照国际惯例，主方在左，客方在右）。

签字桌上应摆放签合同文本、签字笔等签字时所用的文具，桌子正中可摆放鲜花。涉外签字活动中，签字桌上还应插放相关国家的国旗。

签字桌后墙上可贴上会标，由签字双方名称、签字文本标题和"签字仪式"组成，如"＊＊＊＊＊签字仪式"。

3）规范签字人员的服饰

按照规定，签字人、助签人以及随员，在出席签字仪式时，应当穿着具有礼服性质的深色西装、中山装或西装套裙，并且配以白色衬衫与深色皮鞋。男士还必须系上单色领带，以示正规。在签字仪式上的礼仪人员可能会由酒店服务人员担任，可以穿上自己的西装制服或是旗袍一类的中式服装。

2. 签字仪式程序

1）双方人员进入签字厅

签字人行至本人座位前站立等候。双方其他人员分主客并按身份顺序站在本方签字人之后。双方主要领导居中。助签人站在签字人靠边的一侧，来宾和新闻记者站在桌子前边，留适当空间。前台服务员站在签字桌两头等候，准备签字后撤椅子。后台服务员要迅速将香槟酒启开，倒入酒杯内（七分满），站在签字台两侧，准备上酒（见图 2.82）。

图 2.82　签字仪式准备图示

2)**签字开始**

　　双方助签人拿出文本,翻开应签字的一页,指明签字的地方。签字人在本方保存的文本上签字,然后双方助签人在主签人身后互相传递文本。签字人再在对方保存的文本上签字(见图 2.83)。

图 2.83　签字仪式图示

3)**交换文本**

　　签字完毕后,文本已经生效,双方签字人应同时起立,交换签署正式的合同文本,然后彼此握手祝贺。其他随行人员则以热烈的掌声表示喜悦和祝贺。两名服务员迅速上前将签字椅撤除。

4）共饮香槟酒

交换文本后，签字人员及相关人员共饮香槟酒相贺，这是国际上通用的旨在增添喜庆色彩的做法。端香槟酒的服务员立即跟上，分别将酒端至双方签字人面前，请其端取。接着从站立者的中间开始，向两边依次分送。宾主举杯祝贺并干杯后，服务员要立即上前用托盘接收酒杯，然后礼貌退席。

5）退场有序

退场时，双方最高领导和客方先退场，然后东道主其他人员退场。

3. 签字仪式的座次安排

客方在签字桌右侧就座，主方在左侧。助签人分别站立于己方签字人外侧，随时提供帮助。

双方其他随员可以按照一定的顺序在己方签字人的正对面就座，也可以按照职位的高低，依次自左向右（客方）或自右向左（主方）列成一列，站在己方签字人身后。当一排站不完时，可按照以上顺序遵照"前高后低"的惯例，排成两行或三行。原则上，双方人员数量应大体一致（见图2.84）。

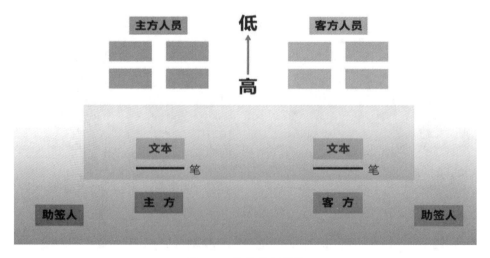

图2.84 签约座次图示

签订多边性合同时，一般仅设一把签字椅。签字时，按各方事先同意的先后顺序依次上前签字。助签人随签字人一同行动，并站立于签字人的左侧。

坐而论道

"抛砖引玉"部分案例中,阿正和小师在签字仪式上犯了什么错误?

"论道"指南:

＊酒店服务人员有可能会担任签字仪式助签人。

＊助签人要熟悉工作流程和工作标准,尤其是交换文本时的注意事项。

起而行之

A 酒店和 B 酒店签订合作协议,要举行签字仪式。以小组为单位,模拟演练一下签字仪式的流程。拍一段小视频,分享给大家。

"行之"指南:

＊正确布置签字场地和主客方签字椅。

＊布置签字桌,准备必备的物品。

＊做好签字时的服务工作。

＊了解助签人的工作流程和要求。

＊掌握签字结束后的服务工作。

三省吾身

请对照下表,评价各组签字仪式的得分。

签字礼仪知识点测试

学习情况自评表

目标达成度		评价等级			
		A	B	C	D
能力目标	合理布置签字场地:室内应铺红地毯,并设有一张长桌,桌上可铺设深绿色绒毯,桌后并排放两张椅子。签字桌上应摆放签合同文本、签字笔等签字时所用的文具,桌子正中可摆放鲜花。涉外签字活动中,签字桌上还应插放相关国家的国旗,签字桌后墙上可贴上会标				
	准确安排签字仪式的主客方座次:主左客右				
	担任助签人工作,协助主签人翻文本、指明签字处,并在主签人身后互相传递文本				
	签字后,服务人员撤走椅子,送上香槟酒,大家举杯结束后,迅速用托盘接收酒杯,并照顾签字代表退席				
素养目标	小组配合默契				
	学习态度端正,课堂参与度高				

注:评价等级 A 为优秀、B 为良好、C 为基本掌握、D 为不合格。

冰心送客

最美印象

送客礼仪

 教学目标

素质目标:培养友善、诚信的服务意识,学会以礼待人;增强学生的审美意识和审美能力。

知识目标:了解并能描述酒店送客的一般要求与主要程序;判断送客礼仪是否妥当。

能力目标:在服务场合中展现良好的礼仪,运用所学知识完成多种场景中的送客服务。

 教学重点难点

重点:送客的流程及礼仪要点。

难点:熟悉不同情景的送客礼仪及正确的礼貌用语。

 抛砖引玉

两位客人在酒店餐厅用餐。实习生小师为他们服务。用完餐后,客人准备起身离开。小师微笑着说了一声"请慢走",就急着收拾台面了,因为在收拾杯盘,她没有为客人拉椅让座,也没有来得及询问他们是否满意、提醒客人带好物品,客人就已经走出了包间门。

想一想,小师在服务时有什么不对的地方吗?

立而受教

在酒店,送客礼仪是体现酒店形象的一个重要窗口,在酒店服务中不可或缺。餐饮部、客房部、礼宾部、前厅部都涉及送客服务,送好客人,让他们感到舒心满意、不留下遗憾,是酒店对客服务的重要一环,直接关系到客人对酒店的整体评价。在送客服务中,服务人员要礼貌、细致、耐心、热情,以让客人满意为宗旨。

1. 餐饮送客礼仪

(1)客人没有离开时,耐心服务,切忌催促宾客离开,不要着急去收拾台面。

(2)客人准备离开时,服务员眼疾手快,主动拉座椅,礼貌询问客人是否满意,热心提醒客人带上个人物品;客人有需要

送客礼仪教学视频

时,服务员应热情帮客人打包,同时提醒客人:"请您带好贵重物品。"

(3)送客人到餐厅电梯口或门口,全程微笑,目送客人;道别时礼貌致谢,行 30 度鞠躬礼,并热情致意:"欢迎您下次光临。"(见图 3.1)

图 3.1　餐厅送客礼仪示意图

2. 客房送客礼仪

客房送客的服务对象一般是 VIP 重点客人,包含离开房间和电梯服务:

(1)客人离开房间时,主动帮助宾客确认并拿取其携带的行李物品,主动搀扶老年人、体弱者,送至电梯口,迅速为客人打开电梯。

(2)电梯到达楼层时,在正确的位置挡住电梯活动门,请客人进入,并帮助客人

把行李放好。目送客人上电梯，并向客人点头致意，电梯关上三分之一时，面向客人微微鞠躬告别并热情致意："欢迎再次光临，祝您一路顺风"(见图 3.2)。

图 3.2　客房送客礼仪示意图

3. 前厅送客礼仪

1)前台结账礼仪

(1)双手收取房卡并表示感谢，通知楼层服务员迅速检查房间，委婉询问客人是否有其他临时消费，忌讳要求客人补"漏账"。

(2)结账时，尽可能采取站姿。迎接客人要站立，如需坐下结账，完毕后，应站立。结账期间确认房号迅速通知相应楼层查房。

(3)归还时，将单据、发票和信用卡或找零等一并双手奉还。礼貌道谢并欢迎客人再次入住，目送客人离开(见图 3.3)。

图 3.3　前台结账礼仪示意图

2)送别礼仪

客人离店时,服务员应主动致意,对乘车离开的客人还应该按照乘车礼仪提供服务,一般包含致意和拉车门两个环节。

(1)微笑,鞠躬30度以示衷心感谢,尽量使用客人的姓名尊称,致临别祝福。如:"祝您旅途愉快,欢迎下次再来!""祝您一路平安!"称呼客人时,要使用客人的姓名尊称,如王先生、李女士等(见图3.4)。

图3.4 送别礼仪示意图

(2)提前安排好车辆,并给客人拉开车门。车门关好后,服务员面带微笑,挥手告别,目送车子离开后才能离开,以示尊重。

4. 注意事项

送客服务是客人离店前对客服务的最后一项,是客人形成对酒店整体评价的关键一步。服务一定要用心,给客人留下最美的印象,突出服务人员热情周到、温馨体贴的职业素养,在爱岗敬业中升华服务品质,提升酒店美誉度。

在送客服务中,服务员应该注意以下事项:

(1)全程保持微笑,微笑是最美的语言。

(2)遇到特殊天气,将客人送到酒店大门,下雨时为没带雨具的客人打伞,帮助客人叫出租车。

(3)重点关照老人、孩子及行动不便的客人。

(4)宾客离店时,服务员应根据迎接时的规格安排送别,迎送规格大体相当。

(5)送别时,遵循客人在前、主人在后的主宾先后顺序。

(6)对于重要客人,服务员应陪车送到机场、车站或码头等地点,力求善始善终。

坐而论道

"抛砖引玉"部分案例中,小师的做法有哪些不对的地方呢?

"论道"指南:

客人用完餐后,服务员要注意送客的环节和服务要求。客人还未离开时,服务员不要着急去收拾台面。客人准备离开时,主动拉座椅,热心提醒客人带好个人物品;最后送客人到餐厅电梯口或门口。

起而行之

如果遇到了以下情况,你会怎么处理呢? 拍一段小视频,分享给大家。

(1)送别客人时,可以对客人说什么?

(2)客人用完餐准备离开时,服务员应该怎么做?

"行之"指南:

＊餐饮送客切忌催促,服务礼貌热情,主动送至电梯口或门口,鞠躬致意。

＊客房送客主动协助,鞠躬道别。

＊前厅送客礼貌委婉,微笑告别。

三省吾身

请对照下表,自评本节课的学习情况。

送客礼仪知识点测试

送客礼仪学习情况自评表

目标达成度		评价等级			
		A	B	C	D
能力目标	餐饮送客:切忌催促,服务礼貌热情,主动送至电梯口或门口,鞠躬致意				
	客房送客:主动协助,鞠躬道别				
	前厅送客礼貌委婉,微笑告别				
素养目标	小组成员参与度高				
	以礼待人,体现友善、诚信的服务意识				

注:评价等级 A 为优秀、B 为良好、C 为基本掌握、D 为不合格。

参考文献

[1]杨娟.商务礼仪[M].北京:中国商业出版社,2018.

[2]陈梅花.西餐礼仪与文化[M].长春:东北师范大学出版社,2014.

[3]许湘岳,蒋璟萍,费秋萍.礼仪训练教程[M].北京:人民出版社,2012.

[4]付秀彬.商务礼仪[M].成都:西南财经大学出版社,2010.

[5]赵琳,谭莹.空乘化妆技巧与形象塑造[M].上海:上海交通大学出版社,2015.

[6]宋华清.饭店服务礼仪[M].北京:高等教育出版社,2015.

[7]王俊人.酒店服务礼仪[M].北京:中国物资出版社,2017.